Jäggle • Das Morgenkreis-Buch

Gabriele Jäggle

Das Morgenkreis-Buch

111 Impulse zur kreativen Gestaltung

BELTZ

Gabriele Jäggle ist Realschullehrerin und unterrichtet die Fächer Deutsch, Naturwissenschaftliches Arbeiten und katholische Religion.

Dieses Buch ist erhältlich als:
ISBN 978-3-407-63024-7 Print
ISBN 978-3-407-29037-3 E-Book (PDF)

Lektorat: Miriam Frank
Herstellung und Satz: Victoria Larson
Druck: Beltz Bad Langensalza GmbH, Bad Langensalza
Umschlaggestaltung: Anjte Birkholz, Michael Matl
Umschlagabbildung: © stocksy.com/LUMINA
Fotos und Grafiken im Innenteil: © Gabriele Jäggle
Printed in Germany

Weitere Informationen zu unseren Autoren und Titeln finden Sie unter: www.beltz.de

Inhalt

Vorwort

In diesem Büchlein finden Sie Impulse für Morgenkreise, Klassenlehrer- oder Jugendgruppenstunden. Es handelt sich dabei um einzelne Elemente, sprich Methoden und Techniken, die sich für den kreativen Einsatz zu verschiedenen Themenbereichen anbieten. Sie sind flexibel einsetzbar, kostengünstig und meist mit wenig Aufwand verbunden. Die Materialien sind oft an jeder Schule vorhanden oder zumindest leicht organisierbar. Dies ist besonders wichtig, da Ressourcen in der Unterrichtsvorbereitung, in Schulen und Jugendzentren nicht unbegrenzt vorhanden sind.

Mit etwas Kreativität und Fantasie kann man (fast) jedes Partyspiel, jede künstlerische Methode oder jedes Konzept einer Fernsehsendung zu einem Morgenkreisimpuls umwandeln. Es kostet lediglich etwas Zeit, Geduld und Mühe – aber es lohnt sich! Die Kinder und Jugendlichen werden es einem danken und auch für einen selbst ist es ein Ausbrechen aus der Alltagsroutine.
Morgenkreise, Klassenlehrerstunden oder Jugendgruppen sollen und können Spaß und Freude bereiten – von der Vorbereitung über die Durchführung bis hin zum wiederholten Einsatz. Es sind Stunden, die den Zusammenhalt und das Vertrauen untereinander fördern und die Gemeinschaft zum Guten wandeln. Es sind Stunden, in denen die Schülerinnen und Schüler personale, soziale und sprachliche Kompetenzen erlangen und einer tiefen Spiritualität und Emotionalität Raum geben können.

Und nun einfach reinschnuppern und loslegen! Viel Spaß bei der Arbeit mit Kindern und Jugendlichen!

1 Traumfänger

Klassenstufe: 4–10
Dauer: 45 Minuten
Materialbedarf: einen Hula-Hoop-Reifen, Wolle, Federn, Lederbänder/-reste, eine Holzperle (Ø ca. 2 cm), je ein Kärtchen pro Schüler/in

Idee • Vorgehen:
Die Schüler/innen gestalten gemeinsam einen Traumfänger, indem sie erst den Hula-Hoop-Reifen mit den Lederbändern umwickeln. Dann wird mit Wolle ein Netz gespannt, indem man den Faden kreuz und quer am Hula-Hoop-Reifen festbindet. Die Holzperle fädelt man einfach irgendwann mit ein, sodass diese in der Mitte eingewoben ist. Zusätzlich kommen dann die Kärtchen mit den Zukunftsträumen der Schüler/innen in das Netz des Traumfängers.

Einsatz • Themenimpuls:
Zukunft, Träume, Wünsche, Abschluss – wo sehe ich mich in zehn Jahren?

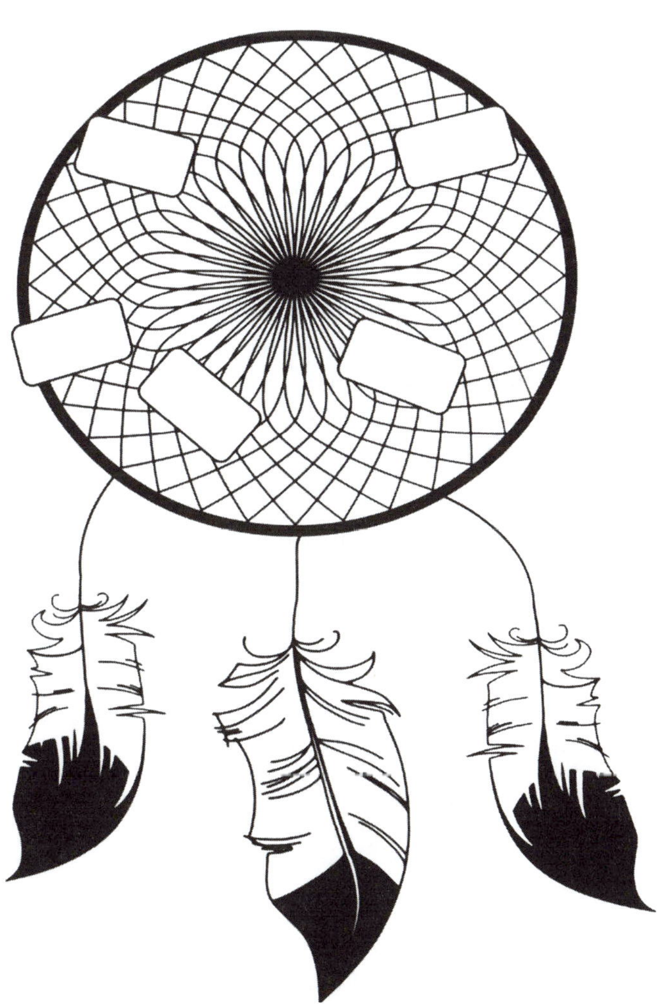

2 Farben freien Lauf lassen

Klassenstufe: 1–10
Dauer: 25 Minuten
Materialbedarf: verdünnte Acryl- oder Temperafarbe, mindestens 3 leere Duschbad- oder Shampooflaschen sowie ein weißes DIN-A3- oder DIN-A-2-Plakat pro Kleingruppe (5 Personen)

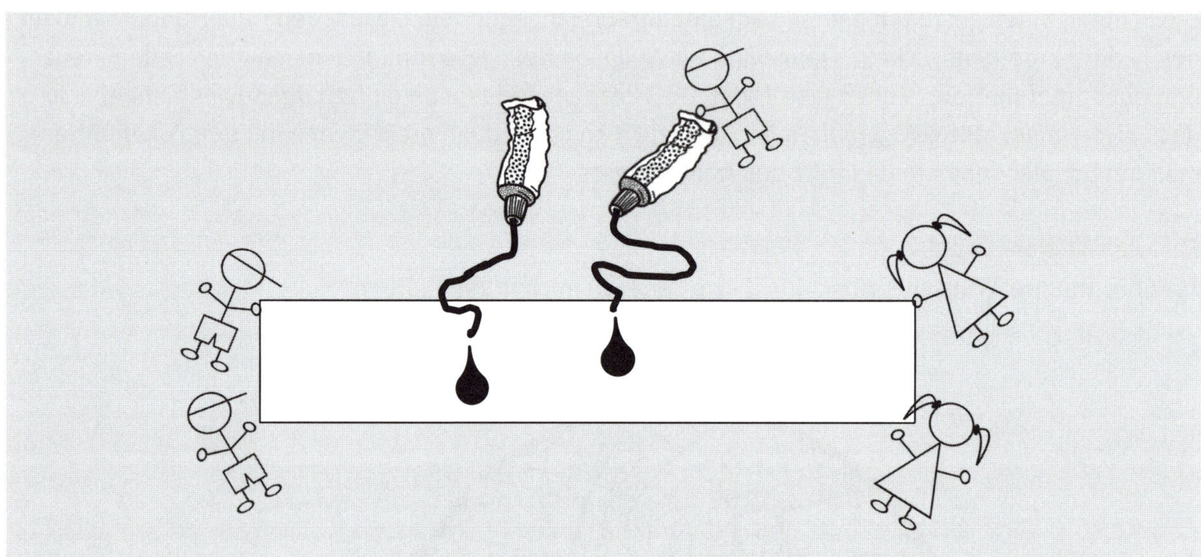

Idee • Vorgehen:

- Acryl- oder Temperafarben mit etwas Wasser verdünnen, sodass sie eine sämige Konsistenz haben. Dann in kleine Spritzflaschen abfüllen.
- Die Schüler/innen bilden Kleingruppen von 5 Personen. Jede Gruppe erhält ein weißes Plakat. Nun greift jeweils ein Schüler/eine Schülerin eine Ecke des Plakats. Das fünfte Gruppenmitglied bekommt die Farbflaschen.
- Die vier Schüler/innen halten den Bogen in der Schwebe und bewegen das Plakat so, dass sich die Farbe verteilt. Ein Schüler/eine Schülerin trägt die Farbe auf den Bogen auf.

Variante:
Die Schüler/innen wechseln nach jeder Farbe durch, sodass jedes Gruppenmitglied eine Farbe auftragen darf und jeder einmal an einer Ecke ist.

Variante:
Man gibt der Gruppe ein Motto für das Bild vor (z. B.: Frühlingstag, Natur ...). Dann muss die Gruppe sich optimal in ihren Bewegungen absprechen. Am Ende wird sichtbar, wie gut die Gruppe miteinander kommuniziert hat.

Einsatz • Themenimpuls:
Freude und Kreativität, Wahrnehmung, Gruppen- und Teambildung, Kommunikation

Wassertropfen-meditation

Klassenstufe: 5–10
Dauer: 20 Minuten
Materialbedarf: eine laminierte/in Folie gehüllte Vorlage pro Schüler/in, mit Tinte angefärbtes Wasser, Becher, Einmalspritze

Idee • Vorgehen:
Die Schüler/innen erhalten je eine DIN-A4-Vorlage eines Labyrinths in einer Folie oder laminiert. Dann geht die leitende Person zu jedem Schüler und platziert mit einer Spritze einen mit Tinte eingefärbten Tropfen Wasser am Eingang des Labyrinths. Die Schüler/innen sollen nun durch langsames Bewegen der Folie den Tropfen durch das Labyrinth zur Mitte bringen.
Eine gute Ergänzung zu dieser konzentrierten Arbeit in Stille ist leise Meditationsmusik.

Variante:
Je nach Thema bietet es sich an, eine bestimmte Reihenfolge (z. B. ABC, Zahlenreihenfolge, Satzreihenfolge) mit dem Wassertropfen »abzufahren«.

Variante:
Man kann auch einfach verschnörkelte Linien und Kurven auf ein Blatt zeichnen und dieses vervielfältigen.

Einsatz • Themenimpuls:
Weg finden, Konzentration üben, Meditation und Stille erfahren

Ganzkörper-Trümmerbilder

Klassenstufe: 4–10
Dauer: 45 Minuten
Materialbedarf: große Papierbögen/Tapetenrolle je nach Bedarf und Gesamtgröße des Endprodukts, Farbe bzw. Farbstifte

Idee • Vorgehen:
Die Körper oder einzelne Körperteile von Schüler/innen werden auf einen großen Papierbogen oder eine zusammengeklebte Tapete aufgezeichnet. Wichtig ist, dass die Umrisse komplett aufgemalt werden, sodass sich Überschneidungen ergeben.
Jede Überschneidung ergibt somit ein Feld. Die Felder werden mit unterschiedlichen Farben ausgemalt.
Die Farbwahl ergibt sich aus der einzelnen Thematik (Grau- und Schwarztöne bei Trauerbildern, bunt bei Gemeinschaftsthemen, rosa für Mädchen/blau für Jungs (Klischeefarben), ...).

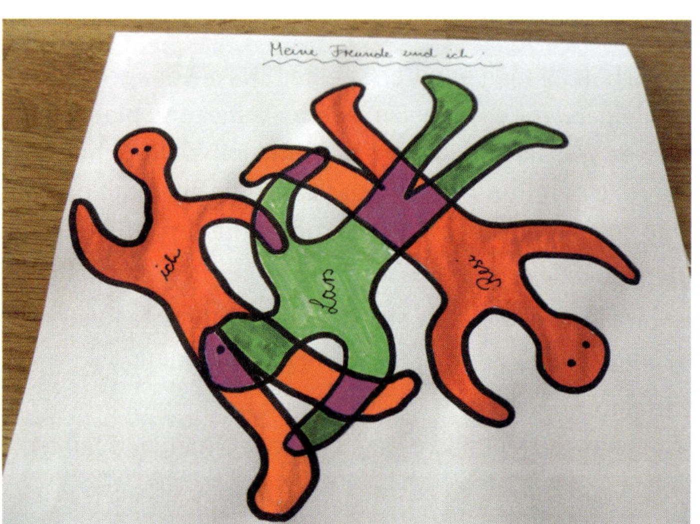

Variante:
Anstatt die Umrisse der Personen übereinander zu zeichnen, kann man auch jede Person einzeln auf eine Tapete legen und die Figur dann ausschneiden. Die Figuren klebt man neben- und übereinander, sodass ein Bild der gesamten Klasse entsteht (siehe Foto).

Einsatz • Themenimpuls:
Wir sind eine Gemeinschaft, Unsere Klasse besteht aus vielen Teilen, Trauer erschüttert uns, Mein Leben in Trümmern, Meine Clique

5 Murmeln malen lassen

Klassenstufe: 4–10
Dauer: 25 Minuten
Materialbedarf: ein weißes DIN-A4-Blatt, pro Schüler/in ein Deckel eines Schuhkartons, (bunte) Acrylfarben zur Auswahl, Murmeln

Idee • Vorgehen:
Ein weißes Blatt Papier wird in einen etwas größeren Schuhkarton-Deckel gelegt. Dann werden im inneren Deckelrand rundherum bunte Farbkleckse verteilt. Anschließend wird eine Murmel in den Schuhkartondeckel hineingegeben. Durch Bewegen des Deckels und Kullern der Murmel entsteht nun ein Bild.

Variante:
Nur eine Farbe nutzen und Murmel sausen lassen. Anschließend die entstandenen Linien zu einem Bild ergänzen bzw. verbinden.

Variante:
Entstandene Linien trocknen lassen und anschließend einzelne Schüler-Lebenswege mit einem Rotstift nachzeichnen lassen und um wichtige »Lebensstationen« ergänzen.

Einsatz • Themenimpuls:
Lebenswege, abstrakte Bilder gestalten, Konzentrations- und Meditationsübung

Gegensätze - wer setzt sich durch?

Stadt und Land begegnen sich

Klassenstufe: 4–10
Dauer: je nach Alter bis zu 90 Minuten
Materialbedarf: ein weißes DIN-A3-Blatt, zwei verschiedenfarbige Tuben Fingerfarbe/Acrylfarbe pro Schülerpaar

Idee • Vorgehen:
Die Schüler/innen gehen paarweise zusammen. Jedes Schülerpaar erhält einen weißen Papierbogen und zwei Tuben mit unterschiedlichen Farben. Nun sollen die Schüler/innen von gegenüberliegenden Seiten beginnen, »ihr Bild« zu malen. Sie dürfen dabei »ihren« Bereich und auch das Gemalte ihres Gegenübers übermalen. Bei der Arbeit soll nicht gesprochen werden!
Im Anschluss schreiben die Schüler/innen einen Brief an ihre Partner/innen, in welchem sie sich darüber äußern, wie sie sich gefühlt haben, als die Partnerin/der Partner in ihren Bereich eingedrungen ist: »Lieber XX, als ich dir begegnet bin …/Liebe XY, als ich dir begegnet bin …«

Variante:
Diese Arbeit eignet sich für sämtliche Gegensatzpaare: Stadt – Land, Liebe – Hass, Fremde – Heimat, …
Interessant ist, wie die Partner/innen miteinander umgehen und aufeinander reagieren.

Variante:
Intensivieren kann man diese Arbeit, indem man konträre Farben wählt und statt mit dem Pinsel mit den Fingern malt (Fingerfarbe nutzen).

Einsatz • Themenimpuls:
vielfältig einsetzbar, zum Beispiel Klassengemeinschaft (Mobbing), Inklusion, Menschen mit Fluchterfahrung, Liebe und Freundschaft, …

7 Sonntagsmaler – Malen in Sand

Klassenstufe: 1–10
Dauer: mindestens 10 Minuten
Materialbedarf:

- Gruppenarbeit: eine flache Wanne mit feinem Sand, ein Holzstäbchen/Zahnstocher pro Kleingruppe
- Einzelarbeit: meditative Musik, ein Gefäß für den Sand (Schuhkartondeckel/Blumenuntersetzer), feiner Sand, ein Holzstäbchen pro Person

Idee • Vorgehen:

Die Schüler/innen erhalten in Gruppen jeweils eine Wanne mit Sand.
Nacheinander darf jeder Schüler/jede Schülerin stumm ein Bild in den Sand zeichnen. Die Bilder sollten Bezug nehmen auf ein Thema, das die Schüler/innen am vergangenen Wochenende bewegt hat.
Die Gruppenmitglieder raten zuerst, um was es sich handeln könnte.
Anschließend darf sich auch der »Künstler« dazu äußern.

Variante:

Sollten genügend Sandgefäße vorhanden sein, ist es auch sehr entspannend, wenn die Schüler/innen in Einzelarbeit zu einer meditativen Musik Ornamente und Symbole in den Sand zeichnen dürfen.

Variante:

Weniger vorbereitungsintensiv ist es, wenn man diese Arbeit ohne Sand, nur auf Papier zeichnend umsetzt.

Einsatz • Themenimpuls:

Stimmungsbild, Kommunikation, Vertrauen untereinander; Bibelarbeit: Jesus schreibt in den Sand

Vergängliche Handabdrücke

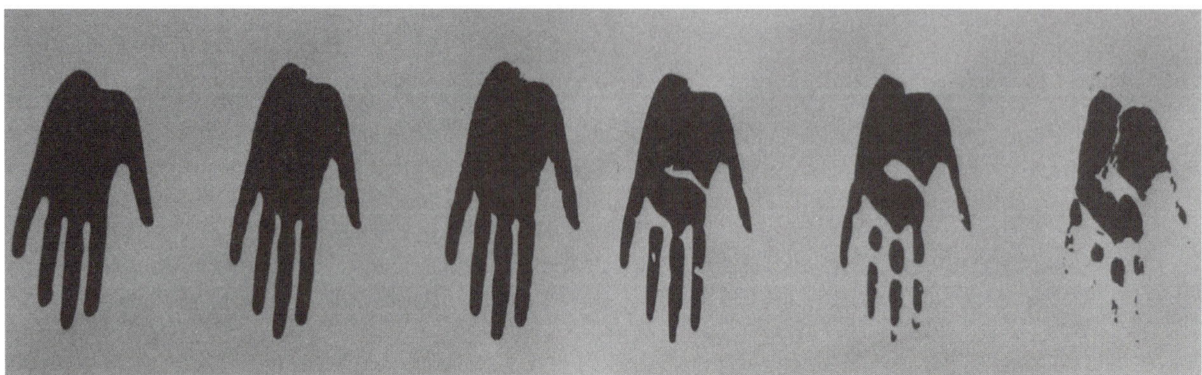

Klassenstufe: 1–10
Dauer: 10 Minuten + Waschzeit + Trocknungsphase
Materialbedarf: mehrere bunte Tuben Fingerfarbe, sodass die Schüler/innen ihre Hände großzügig mit Farbe bestreichen können; pro Schüler/in ein weißes DIN-A3-Blatt

Idee • Vorgehen:
Die Schüler/innen färben eine Hand mit Acrylfarbe ganzflächig ein. Farbe gut auftragen.
Dann pressen sie jeweils einen Handabdruck um den anderen in einer Reihe auf ein weißes Blatt, bis kein Abdruck mehr entsteht.

Einsatz • Themenimpuls:
Vergänglichkeit und Tod, Veränderung (Älterwerden)

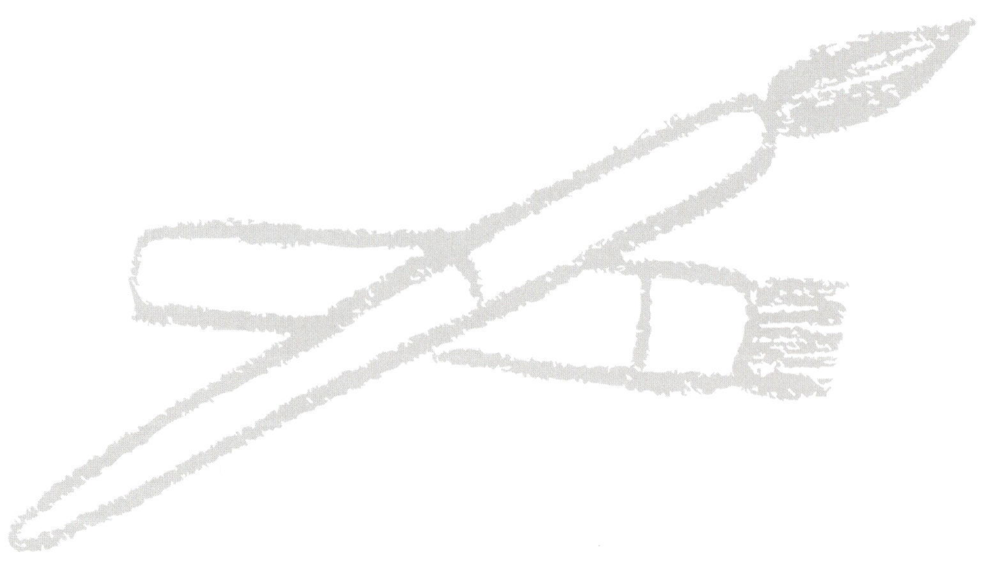

Handabdruck-Engel

Klassenstufe: 4–10
Dauer: mindestens 25 Minuten + Waschzeit + Trocknungsphase
Materialbedarf: zwei verschiedenfarbige Tuben Fingerfarbe, ein weißes DIN-A3-Blatt pro Schüler/in

Idee • Vorgehen:
Die Schüler/innen färben beide Hände mit Fingerfarbe ganzflächig ein. Farbe gut auftragen.
Dann pressen sie ihre Hände im Abstand von ca. 5 cm auf einen Bogen weißes Papier. Zwischen die Hände zeichnen sie eine Person bzw. ergänzen die Hände um einen »Engelskörper« mit einem weiteren Handabdruck.

Variante:
Es gibt vielfältige Gelegenheiten, mit Handabdrücken Bilder zu gestalten. Auch Fingerabdrücke bieten hier eine weitere Variationsmöglichkeit.

Variante:
Auch Fußabdrücke bieten sich für diese Drucktechnik an. Diese Variante ist zeitlich jedoch aufwändiger, da das Waschen länger dauert.

Einsatz • Themenimpuls:
Engel, Schutzengel, Anderen ein Engel sein, Spuren (im Sand), Spuren hinterlassen, Spuren folgen, Spuren suchen; Bibelarbeit: Psalm 91 »Unter dem Schutz des Höchsten«

Lachendes und weinendes Gesicht

Klassenstufe: 6–7/8–10
Dauer: 90 Minuten
Materialbedarf: Digitalkamera, Schminkfarben oder: Digitalkamera und Drucker (mit Blättern im Klassensatz); ein DIN-A4-Blatt pro Schüler/in, Buntstifte, Klebstoff

Idee • Vorgehen:
Es gibt zwei Möglichkeiten für diese Arbeit:

a) Die Schüler/innen malen jeweils ein Auge und eine Augenbraue, die Hälfte der Nase und des Mundes auf eine Hand. Dabei ist es sinnvoll, auf die Abstände zwischen Mund und Augen zu achten, damit es abschließend realistischer wirkt. Anschließend macht jemand mit der Digitalkamera ein Foto von der Person, die sich ihre bemalte Hand vor die Gesichtshälfte hält. Anschließend wird dieses Foto ausgedruckt und im Klassenraum ausgehängt. Die Schwierigkeit besteht darin, detailliert mit den Schminkfarben zu zeichnen.

Variante:
Zum Bild kann die Schülerin/der Schüler einen kurzen, erklärenden Text schreiben: »Was ich mir bei dieser Arbeit gedacht habe …«, »Ich bin …«, »Manchmal habe ich zwei Gesichter, denn …«

b) Die Schüler/innen machen ein Foto von sich und drucken dieses aus. Auf ein weißes Blatt Papier wird der Handumriss gezeichnet und anschließend ausgeschnitten. Diese Hand klebt man dann zur Hälfte auf das Foto und ergänzt es um Auge, Nase und Mund. Dies ist eine einfachere Variante und auch für jüngere Schüler/innen geeignet.

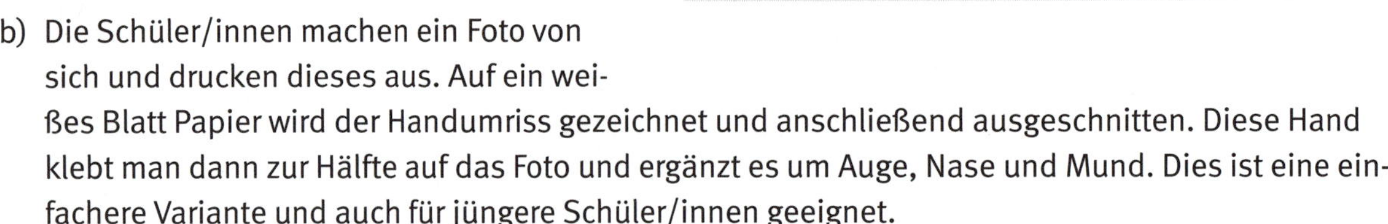

Einsatz • Themenimpuls:
Stimmungen, Masken tragen, Zwei Seiten haben, Wer bin ich?

11 Bild zum Sonntag

Klassenstufe: 4–10
Dauer: 15 Minuten
Materialbedarf: Zeitungsartikel und -berichte (werden von Schüler/innen mitgebracht)

Idee • Vorgehen:
Einige Schüler/innen bringen ein Zeitungsbild oder einen -textausschnitt vom Wochenende oder der vergangenen Woche mit in die Schule. Dann erzählen sie, warum sie sich dafür entschieden haben. Anschließend kann über die Bilder und Artikel noch gesprochen bzw. können Hintergrundinformationen ausgetauscht werden.

Einsatz • Themenimpuls:
beliebig aktuelle Themen aus der Weltgeschichte, Kommunikation

12 Reißtechniken

Klassenstufe: 1–10
Dauer: 45 Minuten
Materialbedarf: ein ausgeschnittenes Motiv auf buntem Tonpapier (z. B. Herz) in DIN A4, einen Klebestift oder Klebstoff, ein weißes Blatt DIN-A4-Papier

Idee • Vorgehen:
Einzelne Schüler/innen erhalten je nach Thematik ein Symbol/Bild aus Tonpapier (z. B. Herz, Blume, ...). Dieses zerreißen sie und vergeben die Teile an andere Mitschüler/innen. Dann sollen die Schüler/innen mit den geteilten, erhaltenen Stücken das ursprüngliche Bild wieder zusammensetzen und auf ein weißes DIN-A4-Blatt kleben.

Einsatz • Themenimpuls:
vielfältig einsetzbar, zum Beispiel: Wir sind eine Gemeinschaft/eine Klasse, Einander ein Herz schenken/Füreinander ein Herz haben, ...

13 Balancespielzeug

Klassenstufe: 1–10
Dauer: 10 Minuten
Materialbedarf: Balancespielzeug aus dem Handel

Idee • Vorgehen:
Balancespielzeuge lassen sich vielfältig für Morgenkreise verwenden. Die Schüler/innen können zum Beispiel erst einmal die »Spielgeräte« erkunden und das Geheimnis hinter dem Spielzeug entdecken. Im Handel gibt es diese Balancespielzeuge als Vogel, Libelle oder Schmetterling.

Einsatz • Themenimpuls:
Inneres Gleichgewicht finden, Work-Life-Balance, Zur Ruhe kommen, Ausgeglichenheit finden

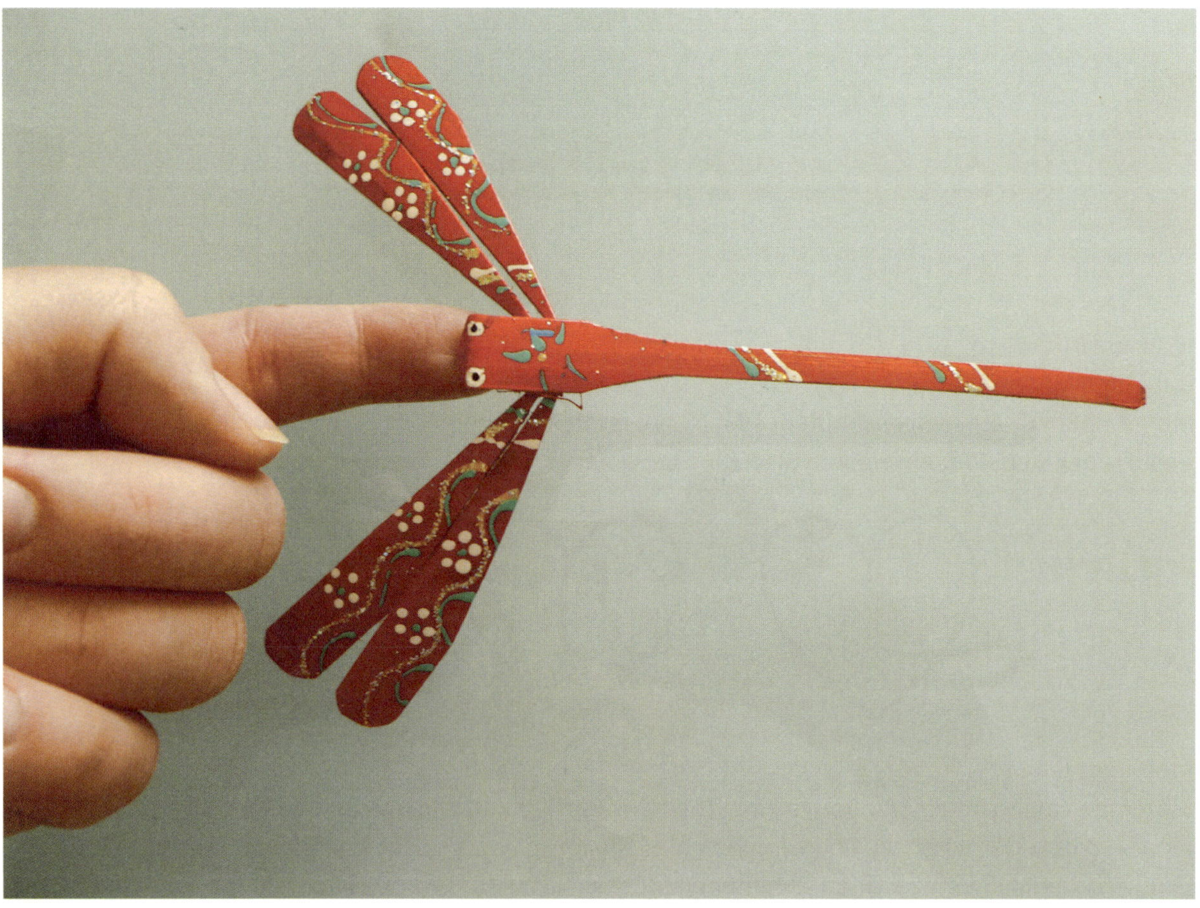

Balancelibelle

14 Steinbilder

Klassenstufe: 1–10
Dauer: 45 Minuten
Materialbedarf: pro Schüler 6 oder mehr flache Steine, ein Bilderrahmen (z. B. DIN A4), Karton (z. B. DIN A4), eine Heißklebepistole, Naturmaterialien (z. B. Rinde, Zweige), diverse Kleinteile/Bastelmaterialien pro Kleingruppe

Idee • Vorgehen:
Eine schöne Idee sind Steinbilder, die in der Kleingruppe (z. B. drei Personen) angefertigt werden können.
Dazu werden bei einem Spaziergang oder von zu Hause flache Steine mitgebracht. Diese werden gesäubert und dann – je nach Thema – in einem leeren Rahmen arrangiert.
Mit der Heißklebepistole werden die Steine auf einem Karton, der den Hintergrund im Rahmen bildet, aufgeklebt und mit weiteren Naturmaterialien oder Bastelutensilien ergänzt.

Einsatz • Themenimpuls:
vielfältig einsetzbar, zum Beispiel zum Thema Freundschaft, Familie, Natur …

Steinbild Familie

15 Bildimpulse

Klassenstufe: 4–10
Dauer: 25 Minuten
Materialbedarf: Postkarten/Kalenderbilder/Zeitungsbilder/Impuls- bzw. Bildkarten, ... ca. 50 Stück pro Klasse

Idee • Vorgehen:

In der Mitte des Morgenkreises liegen verschiedene Bilder (Postkarten, Kalenderbilder, Zeitungsausschnitte, Impulskarten aus dem Handel ...). Wichtig ist eine große Vielfalt. Außerdem sollte die Anzahl der Bilder deutlich über der Schülerzahl liegen, damit eine vielfältige Auswahl möglich ist.
Die Schüler/innen schauen sich die Bilder zuerst in Ruhe an und wählen dann das Bild aus, welches sie am meisten anspricht.
Anschließend äußern sich die Schüler/innen in der Runde zu ihrem Bild und geben Auskunft, warum sie dieses Bild ausgewählt haben und was es ihnen bedeutet.

Einsatz • Themenimpuls:

vielfältig einsetzbar, gut geeignet für Kommunikation und Kennenlernen

© Fritz-Schubert, E./Ehhalt, A. (2016): 75 Bildkarten Glück, Werte und Wohlbefinden. Weinheim und Basel: Beltz

16 Bildergeschichten

Klassenstufe: 4–10
Dauer: 45 Minuten
Materialbedarf: ca. 4 Postkarten/Kalenderbilder/Zeitungsbilder/Bild- bzw. Impulskarten, ... für die Klasse oder pro Kleingruppe

Idee • Vorgehen:
Die Klasse erhält eine Bilderreihe über den Kamera-Dokumentenscanner oder den Tageslichtprojektor. Nun sollen die Schüler/innen sich in Einzelarbeit eine Geschichte ausdenken, in der alle Bilder beteiligt sind. Diese Geschichte notieren sie stichwortartig und erzählen sie dann in einer Kleingruppe den Mitschüler/innen.
Die Gruppe wählt die beste Geschichte aus. Diese wird dann im Kreis nochmals erzählt.
Interessant ist, welche Varianten an Geschichten dieselben Bilder hervorrufen.

Variante:
Jede Kleingruppe erhält unterschiedliche Bilder. So entstehen viele unterschiedliche Geschichten zu einem bestimmten Thema. Über diese kann man im Einzelnen auch diskutieren.

Variante:
Die Schüler/innen sollen zu einem Bildimpuls oder mehreren Impulsen Dilemma-Geschichten erfinden. Über diese kann dann in der Großgruppe gesprochen und Lösungsstrategien gefunden werden.

Einsatz • Themenimpuls:
Vielfältig einsetzbar, jedoch eignet sich diese Methode gut für Konflikte und Gewissensentscheidungen. Ebenso spielt die Kommunikation, Entscheidungsfähigkeit und gemeinsame Absprache bei dieser Methode eine große Rolle.

Leerstellen füllen: Schreib- und Gesprächsimpulse

Klassenstufe: 1–10
Dauer: 45 Minuten
Materialbedarf: pro Schüler/in eine Karte mit ausgestanzten Löchern (hierfür eigenen sich besonders Jumbo-Motivstanzer)

Idee • Vorgehen:
Die Schüler/innen erhalten in der Kleingruppe jeder ein Bild mit einem Loch bzw. einer »Leerstelle«. Diese sollen sie nun mit einem interessanten Element füllen, entweder im Rahmen einer mündlichen oder schriftlichen Geschichte.
Hierfür dürfen sie ihrer Fantasie freien Lauf lassen. Interessant ist, welche spannenden, witzigen, traurigen und seltsamen Geschichten als »Lückenfüller« entstehen.

Einsatz • Themenimpuls:
Kommunikation, Fantasie anregend, Geschichtenerzählen

© Fritz-Schubert/Ehhalt (2016)

18 Pustebilder

Klassenstufe: 1–10
Dauer: 45 Minuten
Materialbedarf: pro Schüler/in ein weißes DIN-A4-Blatt und ein gekürzter Strohhalm (ca. 10 cm lang), Einmalspritze, Tusche oder Tinte, Buntstifte

Idee • Vorgehen:

Eine nette kreative Idee für Morgenkreise sind Pustebilder aus Tinte oder Tusche.
Hierfür erhalten die Schüler/innen weiße Papierbögen. Die leitende Person zieht eine Einmalspritze mit Tinte oder Tusche auf und setzt jeder Schülerin/jedem Schüler ein bis zwei Tropfen Tinte auf das Papier. Die Schüler/innen pusten diesen Tropen nun mit einem kurzen Strohhalm in alle Richtungen, sodass Bäume oder Sträucher entstehen.
Diese Pustebilder werden dann noch mit herkömmlichen Buntstiften ergänzt und ggf. beschriftet.

Achtung: Manchen Schüler/innen wird schnell übel, wenn sie pusten. Hier etwas achtsam sein!

Einsatz • Themenimpuls:

Besonders eignet sich diese Methode für Lebensbäume, Reich-Gottes-Bäume, Lebenswege etc. Nutzt man schwarze Tusche, kann man auch gruselige oder traurige Bilder entstehen lassen.

Lebensbaum

19 Gegensatz-Faltleporello

Klassenstufe: 6–10
Dauer: 45 Minuten
Materialbedarf: pro Schüler/in ein stärkeres DIN-A5-Blatt (oder DIN A6), zwei Postkarten mit gegensätzlichen Motiven (werden ggf. von zu Hause mitgebracht), eine Tube Klebstoff, eine Schere, ein Lineal, ein Bleistift

Idee • Vorgehen:
Die Schüler/innen bringen von zu Hause zwei gegensätzliche Bilder, am besten Postkarten mit. Eine andere Möglichkeit ist, verschiedene Bilder zur Auswahl anzubieten.
Im Morgenkreis erklären die Schüler/innen ihre Wahl, sie begründen, warum sie sich für diese Bilder interessieren. Die Bilder sollten gegensätzlich sein.
Nun werden die beiden Bilder auf die gleiche Größe zurechtgeschnitten (bei Postkarten entfällt dieser Schritt, da diese gleich groß sind). Anschließend werden die Bilder in gleich breite Streifen (ca. 2 cm) geschnitten.
Diese Streifen legt man nun aneinander: Abwechselnd zuerst ein Streifen von Bild 1, dann von Bild 2 usw., sodass wieder die Ausgangsbilder entstehen, nur versetzt. Dann klebt man die Streifen auf ein dickeres Papier und schneidet die Kontur des Leporellos aus.
Nun muss man nur noch die Streifen im Zick-Zack falten und fertig ist das Gegensatz-Leporello.

Einsatz • Themenimpuls:
beliebig gegensätzliche Themen; Kommunikation, anschließend kreative Umsetzung

20 Stäbchen-Sprüche

Klassenstufe: 5–10
Dauer: 20 Minuten
Materialbedarf: ca. 30 Holzstäbchen pro Gruppe, in allen Längen und Varianten möglich (im Beispiel sind es bunte Eisstäbchen) – Streichhölzer, Zahnstocher oder gekürzte Fleischspieße bieten sich ebenfalls an

Idee • Vorgehen:
Die Schüler/innen werden in Kleingruppen eingeteilt. Jede Gruppe erhält die gleiche oder auch ungleiche Anzahl bunter Holzstäbchen. Jede Gruppe soll nun zum Thema ein Zitat, eine Aussage, ein Wort etc. legen. Wichtig ist, dass die Gruppe miteinander kommuniziert und sich einig wird, denn die Anzahl der Stäbchen ist begrenzt und man muss genau überlegen, welche Aussage möglich ist.
Die Aussagen können anschließend fotografiert, ausgedruckt und im Klassenzimmer aufgehängt werden. So bleiben sie noch länger in Erinnerung oder man kann nochmals auf diese zurückgreifen (bei Klassenregeln).

Einsatz • Themenimpuls:
vielfältig einsetzbar, gut geeignet für Klassen- und Gesprächsregeln oder Lebensweisheiten; auch Bibelsprüche kann man gut legen

Gruß aus den Ferien – Postkarten zusenden

Klassenstufe: 1–10
Dauer: 45 Minuten
Materialbedarf: pro Schüler/in eine Blanko-Postkarte bzw. weißes, stärkeres Papier oder dünner Karton im Postkarten-Format (DIN A6), Buntstifte, ...

Idee • Vorgehen:

Diese Idee eignet sich besonders für den letzten Morgenkreis vor den großen Ferien.
Jede Schülerin/jeder Schüler erhält eine weiße Blanko-Postkarte.
Dann schreibt jede Schülerin/jeder Schüler seine Adresse rechts unten auf die Karte.
Anschließend sammelt die leitende Person alle Karten ein, mischt diese und teilt sie neu aus (alternativ kann man die Schüler/innen die Karten ziehen lassen).
Nun soll jede Schülerin/jeder Schüler auf die Vorderseite der erhaltenen Karte ein Motiv aufzeichnen (Urlaubsmotive, Sprüche, Wünsche für die Ferienzeit, ...).
Dann werden die Karten wieder eingesammelt, gemischt und erneut ausgeteilt.
Die Karte, die nun jeder bekommt, nehmen die Schüler/innen mit nach Hause und senden sie im Laufe der großen Ferien an die Adresse auf der Rückseite der Postkarte.
So erhält jede Schülerin/jeder Schüler von einer Mitschülerin/einem Mitschüler ein Gruß aus den Ferien.

© istock/nettel9

Einsatz • Themenimpuls:

Abschluss des Schuljahres, Ferien

Engelchen und Teufelchen

Klassenstufe: 1–10
Dauer: ca. eine Minute pro Schüler/in
Materialbedarf: zwei Bälle, Murmeln oder Bilder mit Engelchen und Teufelchen (oder anderen emotionalen Gegensätzen) pro Klasse

Idee • Vorgehen:
Die kleinen Engelchen-Teufelchen-Bälle dienen als Gesprächsimpulse. Die Schüler/innen werfen sich gegenseitig einen Ball zu. Der Schüler, der fängt, äußert sich entsprechend positiv oder negativ zu einem Sachverhalt.

Variante:
Es gibt auch Murmeln mit lachenden und weinenden Gesichtern. Oder man nimmt eine folierte Karte.

Einsatz • Themenimpuls:
vielfältig einsetzbar, besonders geeignet für Abstimmungen zu Ausflügen/Landschulheim etc., Probleme unter Mitschüler/innen, Klassenkonflikte, Wochenenderzählungen, Rückblicke/Reflexionen, ...

23 Nagelbilder

Klassenstufe: 4–10
Dauer: 90 Minuten
Materialbedarf: Styroporplatte in entsprechender Größe (ideal ist ca. 40 × 40 cm), viele kleine Nägel, Farbe und Pinsel für die Grundierung

Idee • Vorgehen:
Die Schüler/innen erstellen einzeln oder in der Kleingruppe zu einer Thematik ein passendes Nagelbild. Dafür wird zuerst eine dicke Styroporplatte im passenden Format zugeschnitten oder bereits vorbereitet.
Anschließend folgt eine Grundierung mit Farbe. Wenn die Farbe getrocknet ist, werden kleine Nägelchen in die Styroporplatte eingehämmert.

Einsatz • Themenimpuls:
vielfältig einsetzbar, zum Beispiel religiöse Themen und Symbole, auch das Osterthema bietet Anlass, sich mit Nägeln und Symbolen auseinanderzusetzen

Magritte's Taube

nach René Magritte: Taubengesicht Junge, Mädchen © istock/skodonnell

Klassenstufe: 4–10
Dauer: 45 Minuten
Materialbedarf: Bild oder Folie »Der Mann mit der Melone« von René Magritte; eine eigene Version von Magrittes Gemälde mit Taube und Kind als Vorlage je Schüler/in

Idee • Vorgehen:

Zum Einstieg kann man das Gemälde von René Magritte »Der Mann mit der Melone« wählen. Was sieht man und was sieht man eben nicht? Ein Gespräch in der Runde ist sinnvoll. In Anlehnung an Magrittes Bild erhalten die Schüler/innen eine Vorlage, auf der ein Kopf mit einer Taube abgebildet ist. In die Taube sollen sie hineinschreiben, was man bei ihnen selbst »nicht sehen kann« (Wünsche, Träume, Zukunftspläne ...).

Variante:

Die Schüler/innen schreiben in die Tauben von Mitschüler/innen hinein, welche positiven Eigenschaften die jeweilige Person hat, die man nicht auf den ersten Blick sehen kann.

Einsatz • Themenimpuls:

Kommunikation, Charaktereigenschaften, Zukunftspläne, Wünsche, Träume, ...

»Eine gute Tat am Tag«

Klassenstufe: 1–10
Dauer: 10 Minuten (verteilt z. B. auf Adventszeit)
Materialbedarf: pro Klasse ein Kuvert mit ausgestanzten Sternen oder anderen Symbolen (Anzahl z. B.: Klassengröße × 3), ein DIN-A2-Plakat, eine Wäscheklammer, um das Kuvert zu befestigen

Idee • Vorgehen:
Dieser Impuls eignet sich gut für die Advents- oder Fastenzeit. Es geht darum, dass die Schüler/innen in dieser Zeit mindestens eine gute Tat vollbringen. Das können ganz einfache Dinge sein wie Oma besuchen, der Schwester etwas vorlesen, mit dem Bruder ein Diktat üben, Mama bei der Wäsche helfen ...
Immer, wenn sie eine gute Tat vollbracht haben, dürfen sie am nächsten Tag einen Stern (oder ein anderes Symbol) aus dem Briefumschlag herausnehmen und auf ein Plakat kleben. Am Ende des vorgegebenen Zeitraums werden die Sterne dann gezählt. Was hat die Klasse erreicht? Wie viele Taten hat sie vollbracht? Wie war‘s?

Einsatz • Themenimpuls:
Anderen Gutes tun, Das Leben ändern, Nächstenliebe, Fastenzeit, Advent

26 Hände bemalen

Klassenstufe: 4–10
Dauer: 45 Minuten
Materialbedarf: Fingerfarbe oder Theaterschminke, eine Digitalkamera, ein Farbdrucker, bunte Blätter im Klassensatz für Sprüche ...

Idee • Vorgehen:
Die Schüler/innen bemalen ihre Hände mit Theaterschminke oder Fingerfarbe.
Anschließend wird ein Foto von jeder Hand gemacht.
Nun ist man sehr flexibel:

- Man kann die Hände von den Schüler/innen zuordnen lassen und mit Namen versehen.
- Man kann zu jeder Hand einen passenden Spruch hinzukleben.
- Man kann die Hände zu einer Kette verbinden und an die Wand hängen.
- Man kann die Hände kreisförmig im Rahmen des Religionsunterrichts um das Kreuz im Klassenzimmer aufkleben, als Symbol der Gemeinschaft
- ...

Einsatz • Themenimpuls:
beliebige Themen rund um Hände, helfende Hände, rettende Hände, ...
Gemeinschaft, Klassenzusammenhalt, Gemeinsamkeiten, ...

27 Werteturm

Klassenstufe: 1–10
Dauer: 25 Minuten
Materialbedarf: pro Gruppe mindestens 6 Holzklötze, Aufkleber/Etiketten, Plakate

Idee • Vorgehen:
Die Schüler/innen werden in zwei oder mehr Gruppen eingeteilt. Sie erhalten Holzwürfel oder -klötze, Etiketten/Aufkleber und ein Plakat.
Zuerst sollen sie auf dem Plakat sammeln, welche Werte/Regeln ihnen wichtig sind. Jede Person darf sich äußern, alles wird notiert.
Anschließend hat jede Person drei Punkte zu vergeben. Jede Regel, die ihr besonders wichtig ist, erhält einen Punkt. So erhält man durch die Abstimmung die drei wichtigsten Werte/Regeln der Gruppe. Diese drei Werte/Regeln werden auf die Aufkleber notiert und auf jeweils einen Holzklotz geklebt.
Anschließend treffen sich die Gruppen in der großen Runde. Alle Werte/Regeln werden vorgestellt. Nun soll sich die große Gruppe einigen, welche Werte am wichtigsten sind und einen Werteturm erstellen.
Hinweis: Die Basis darf mehrere Klötze umfassen. Der Turm muss nicht extra hoch werden, sondern stabil.

Tipp:
Es gibt von der Firma »metalog« einen Baukasten zum Erstellen von Wertetürmen. Interessant ist dabei, dass man den Turm mit gespannten Schnüren und einer »Angel« erstellen muss.

Einsatz • Themenimpuls:
Werte/Klassenregeln finden, Umgang miteinander klären, Gesprächsregeln erarbeiten

28 Holzrauten (Schiff, Sterne, Weg)

Klassenstufe: 1–10
Dauer: flexibel
Materialbedarf: Holzleiste (ca. H2 cm × B7 cm × L2 m), Schmirgelpapier, Forstnerbohrer, Säge, Teelichter

Idee • Vorgehen:
Holzrauten sind vielfältig einsetzbar und leicht herzustellen: Einfach eine Holzleiste in Rauten schneiden und in der Mitte mit dem Forstnerbohrer in Teelichtgröße Löcher einfräsen. Die Rauten können aneinandergelegt verschiedene Dinge darstellen: Wege, Sterne, Fische im Netz, Boote auf dem See, ...

Einsatz • Themenimpuls:
vor allem bei biblischen Themen: Sturm auf dem See, Apostel als Menschenfischer, ...
Sterne, Wege, Licht, Advent, ...

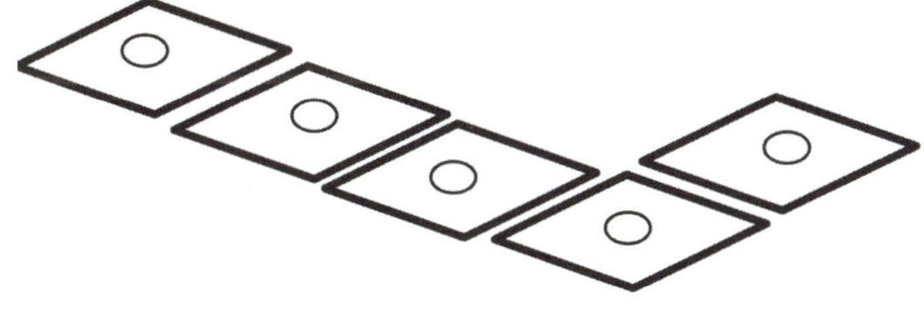

29 Briefe oder Wasserblüten

Klassenstufe: 1–10
Dauer: 20 Minuten
Materialbedarf: ein Quadrat oder eine Blüte aus leichtem Tonpapier je Schüler/in

Idee • Vorgehen:
Jede Schülerin/jeder Schüler erhält ein Quadrat (einen Brief) aus Tonpapier. Auf dieses Quadrat/in diesen Brief schreibt sie/er nun seine Wünsche, Vorsätze für das neue Jahr oder Bitten an Gott (alternativ Allah, Engel, Schutzwesen, ...). Wichtig ist dabei, dass die Schüler/innen nicht mit Tinte, sondern mit Kugelschreiber schreiben. Dann werden die Ecken des Briefes umgeknickt und der Brief somit geschlossen. Alle Briefe werden zügig in eine Wasserschale gelegt. Durch die Diffusion des Wassers öffnen sich die Briefe langsam und geben so ihr Geheimnis frei. Sehr effektvoll.
Wer keine Schüssel in der richtigen Größe hat, kann auch einen einzelnen großen Brief, in den alle ihren Satz schreiben, in eine Schüssel geben. Funktioniert auch mit Blüten oder anderen Formen.

Einsatz • Themenimpuls:
Wünsche, Vorsätze, neues Schuljahr, Neujahr, Wasser, Beten, Fürbitten

30 Dominosteine-Bilder stellen

Klassenstufe: 1–10
Dauer: bis zu 45 Minuten
Materialbedarf: ca. 50 bunte Dominosteine für jede Kleingruppe (bei 4 Gruppen/Klasse)

Idee • Vorgehen:
Die Schülergruppen erhalten – zu einem Thema passend – die Aufgabe, mit einer bestimmten Anzahl an Dominosteinen ein Bild zu legen. Es gibt dabei zwei Varianten:

Variante:
Die Schüler/innen legen die Bilder flach aus den Steinen, sodass ein 2-D-Bild entsteht.

Variante:
Die Schüler/innen legen die Bilder hochkant, sodass ein 3-D-Bild entsteht. Aus dieser Variante lässt sich auch ein kleiner Wettbewerb herstellen: Am Ende kann die Dominosteine anstoßen – je mehr umfallen, desto besser hat die Gruppe gearbeitet. Die Gruppe mit den meisten gefallenen Dominosteinen ist die Gewinnergruppe.

Bei beiden Varianten sollen die Mitschüler/innen nach dem Legen die Bilder ansehen und sich dazu äußern. Auch die Gruppe, die gelegt hat, soll ihre Gedanken darstellen.

Achtung: Je nach Gegebenheiten gibt der Boden manchmal etwas nach und die Schüler/innen, die umhergehen, können ein Fallen der Steine provozieren. Es fordert viel Respekt, Achtsamkeit und Ruhe, damit alle die jeweiligen Gruppenbilder ansehen können.

Einsatz • Themenimpuls:
Teamarbeit, Teamfähigkeit, Konfliktlösestrategien, Kommunikation, beliebige Themen

31 Wackelturm

Klassenstufe: 1–10
Dauer: 15 Minuten
Materialbedarf: mindestens 50 Hölzchen pro Kleingruppe (300 Stück gesamt)

Idee • Vorgehen:
Schülergruppen (ca. 4 bis 5 Personen) erhalten die gleiche Anzahl quaderförmiger Hölzchen. Mit diesen sollen sie einen möglichst hohen Turm bauen. Im Fachhandel gibt es diese Hölzchen als Spiel zu kaufen, aber eine handwerklich begabte Person kann sich die Hölzchen mit den Maßen (ca. 1,5 x 1, 2 x 10 cm) günstig auch aus Leisten aus dem Baumarkt zurechtsägen.

Einsatz • Themenimpulse:
Teamarbeit, Teamfähigkeit, Konfliktlösestrategien, Kommunikation, Kreativität

© istock/skodonnell

32 Texte an der Leine

Klassenstufe: 1–10
Dauer: 5 Minuten (und vorbereitende Hausaufgabe)
Materialbedarf: mindestens ein Streifen buntes Tonpapier (ca. 10x20cm) und eine Wäscheklammer pro Schüler/in, eine lange Wäscheleine (zum Aufspannen im Klassenraum)

Idee • Vorgehen:
Alle Schüler/innen einer Klasse erhalten einen oder mehrere Papierstreifen aus buntem Tonpapier. Als Hausaufgabe sollen sie nun verschiedene Gedichte, Gebete oder kurze Texte – je nach Anlass – auf diese Papierstreifen übertragen (gedruckt, geklebt, kopiert, geschrieben). Diese bunte Textsammlung wird nun mit Wäscheklammern an einer Leine, die kreuz und quer im Klassenzimmer gespannt ist, aufgehängt.
Jeden Morgen darf sich dann ein Schüler/eine Schülerin als Tagesimpuls einen Zettel von der Leine nehmen und diesen Text vortragen. Dann wird der Text wieder an die Leine gehängt.

Einsatz • Themenimpuls:
Impulse zum Tagesbeginn; vielfältig einsetzbar zum Training von Grammatik- oder Rechtschreibregeln, mathematischen Formeln und Wiederholungen jeder Art

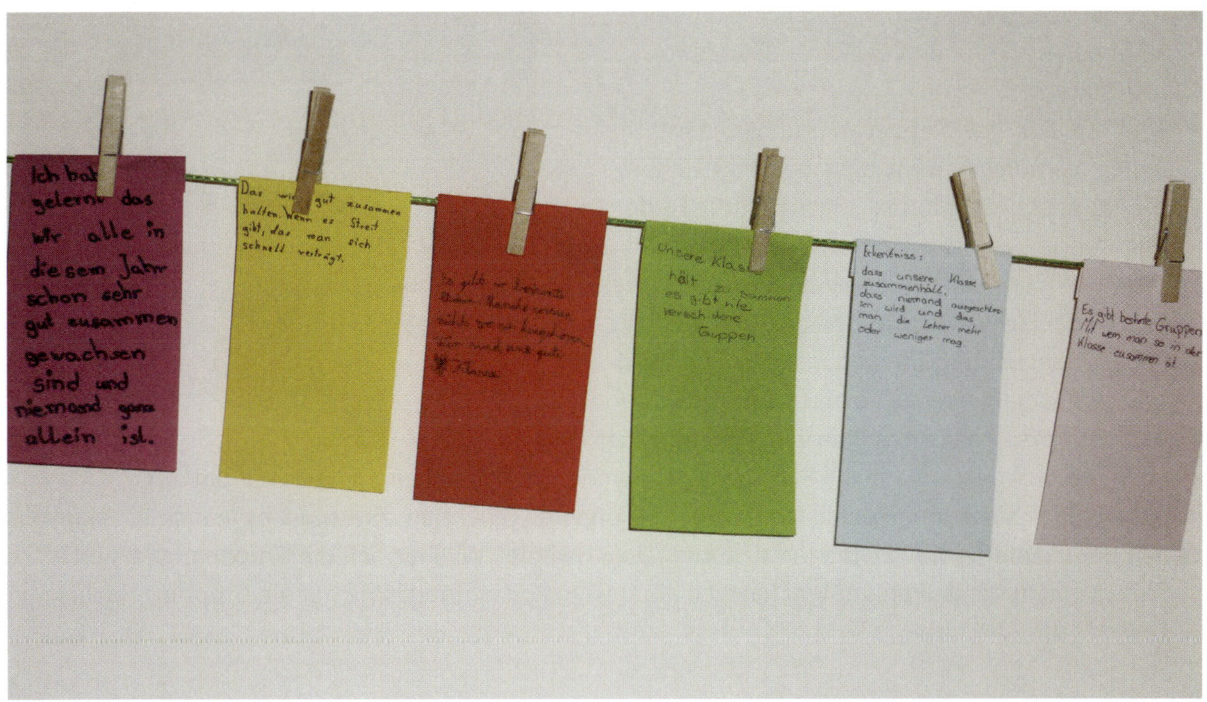

33 Hot Stones

Klassenstufe: 1–10
Dauer: 30 Minuten
Materialbedarf: eine Rolle Klebeband oder 1–2 Kreidestücke, einen Spielplan für die leitende Person

Idee • Vorgehen:

- Im Klassenzimmer wird mit Klebeband ein Feld abgeklebt mit 5 x 9 Kästchen in der Größe von ca. 40 x 40 cm. Alternativ kann man dies leicht auf dem Pausenhof mit Kreide aufzeichnen.
- Dann werden aus der Klasse acht Freiwillige ausgewählt. Diese Personen erhalten folgende Regeln:
- In diesem Spielfeld bzw. in diesen Kästchen muss jeder Schüler/jede Schülerin aus dem Team von A nach B kommen.
- Es gibt nur einen sicheren Weg durch das Feld der heißen Steine.
- Man darf rückwärts, vorwärts und diagonal gehen.
- Tritt der Schüler, der durchgelotst wird, auf einen heißen Stein, verbrennt er sich und muss von vorn starten.
- Sein Team darf der Person im Feld der heißen Steine *mündlich* Anweisungen und Hilfestellung geben, aber nicht mit den Fingern auf die Felder zeigen.
- Die Mitschüler/innen sind Beobachter und sehen zu, wie die Freiwilligen-Gruppe die Aufgabe löst.
- Bis alle acht Schüler/innen durch das Feld durch sind, braucht man meist 30 bis 45 Minuten. Die leitende Person hat einen Plan vom Feld und sagt immer »Hot Stone!«, wenn die Schülerin/der Schüler im Feld auf einen heißen Stein tritt.

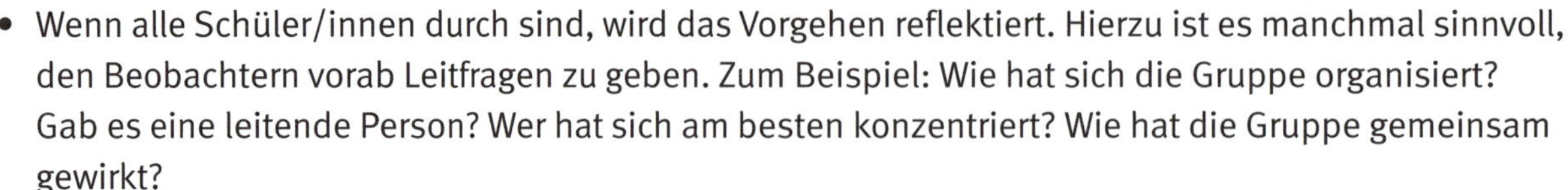

- Wenn alle Schüler/innen durch sind, wird das Vorgehen reflektiert. Hierzu ist es manchmal sinnvoll, den Beobachtern vorab Leitfragen zu geben. Zum Beispiel: Wie hat sich die Gruppe organisiert? Gab es eine leitende Person? Wer hat sich am besten konzentriert? Wie hat die Gruppe gemeinsam gewirkt?

Einsatz • Themenimpuls:

Teamarbeit, Teamfähigkeit, Konfliktlösestrategien, Kommunikation, Achtsamkeit, Respekt und Geduld einüben

Spielfiguren – Situationen stellen

Klassenstufe: 4–10
Dauer: bis zu 45 Minuten
Materialbedarf: große Spielfiguren (Höhe mindestens 5 cm)/Bowling-Kegel, ggf. blanko Papierkarten, ggf. (Dilemma-)Geschichten

Idee • Vorgehen:
Mit großen Spielfiguren kann man Situationen aus der Klasse (Konflikte, Cliquen, Außenseiter, ...) nachstellen, offensichtlich machen und Lösungen aufzeigen.

Variante:
Für Morgenkreise und den Unterricht kann man Geschichten vorlesen und die Figuren aus den Geschichten nachstellen. So werden Beziehungen deutlich und man kann Lösungen und Ideen zur Geschichte darstellen.

Einsatz • Themenimpuls:
beliebige (Dilemma-)Geschichten und Situationen in der Klasse, Bibelarbeit

35 Göttliche Ordnung erkennen

Klassenstufe: 7–10
Dauer: 20 Minuten
Materialbedarf: Smartphone/Digitalkamera (bei Umsetzung während des Unterrichts pro Schüler/in oder Schülerpaar), ein Computer pro Kleingruppe

Idee • Vorgehen:
Diese Aufgabe erhalten die Schüler/innen als Hausaufgabe oder man macht einen gemeinsamen Naturspaziergang mit dem Smartphone oder mit Digitalkameras:
Die Schüler/innen sollen in der Natur Bilder machen, die die göttliche Ordnung darstellen: also symmetrische Blätter, Blattadern, Blumenblüten, ... fotografieren.
Dann werden die Schüler/innen in Gruppen eingeteilt. Jede Gruppe soll nun mit den gesammelten Fotos eine kleine PowerPoint-Präsentation erstellen. Idealerweise wird die Präsentation noch mit passender Musik hinterlegt und dann den Mitschüler/innen vorgeführt.

Einsatz • Themenimpuls:
Schöpfung, göttliche Ordnung

36 Meilensteine - Ketten, Schnüre und Kugeln

Klassenstufe: 1–10
Dauer: ca. 30–45 Minuten
Materialbedarf: Schnur oder Kordel mit aufgereihten Elementen (Kugeln/Perlen, Stoffblumen, -blätter ... oder Naturmaterialien wie durchbohrte Steine (Hühnergott), Äste, ...) je nach Thema oder Jahreszeit, Karten aus Tonpapier

Idee • Vorgehen:

Um Zeitabschnitte und deren Meilensteine darzustellen, sind Ketten und Schnüre sehr gut geeignet. Im Beispielbild stellen die Blumen größere Hindernisse oder Aufgaben bzw. positive Ereignisse im Schulleben dar. Die Kugeln symbolisieren die Zwischenschritte oder das jeweilige Gegenteil. Optisch ansprechend sind auch Ketten und Schnüre aus Naturmaterialien. So kann man zum Beispiel Steine als negatives Element (Klassenarbeiten, GFS, ...) nutzen und Blätter/Äste als positives Element (Naturgang, gemeinsames Frühstück, ...).
So kann man nun bestimmte Wege oder Zeiträume mit Aufgaben versehen, in Abschnitte einteilen und gemeinsam übersichtlich ordnen. Ergänzend zur Kette kann den einzelnen Elementen ein Kärtchen aus Tonpapier mit der passenden Aufschrift (Klassenarbeit, Klassenfrühstück, ...) hinzugefügt werden.

Variante:
Man kann auch mit den Schüler/innen gemeinsam die Kette mit den Meilensteinen erstellen und so durch die Auswahl der Elemente auch gleich feststellen, welche Aufgaben und Meilensteine den Schüler/innen gefallen/leichtfallen oder missfallen/schwerfallen.

Einsatz • Themenimpuls:
gut geeignet als »Weg bis zu den Ferien«, der mit Klassenarbeiten, Ausflügen, ... versehen ist; Stationen durch das Jahr/Schuljahr; Zeitraum bis Ostern (Fastenzeit) oder Weihnachten (Advent), ...

37 Würfel: Wahrheit oder Pflicht

Klassenstufe: 1–10
Dauer: bis zu 45 Minuten
Materialbedarf: pro Kleingruppe ein Holzwürfel in der Größe 6 x 6 cm und 6 Aufkleber mit passenden Maßen

Idee • Vorgehen:

Holzwürfel mit Aufklebern lassen sich vielfältig einsetzen. Ein Beispiel ist die Übung »Wahrheit oder Pflicht«.
Die Übung sollte in der Kleingruppe oder in kleinerem Rahmen durchgeführt werden.

- Vorbereitend wird auf die sechs Würfelseiten bzw. Aufkleber abwechselnd »Wahrheit« und »Pflicht« geschrieben.
- Die Schüler/innen übernehmen nun verschiedene Rollen und versetzten sich in die Figuren aus ihrer Lektüre/aus einer Geschichte hinein. Im Idealfall ist jede Figur durch eine Schülerin/einen Schüler in der Kleingruppe besetzt.
- Nun muss jeder Schüler/jede Figur würfeln. Je nach Ergebnis des Würfels stellen die Mitschüler/Mitfiguren nun Fragen, die wahrheitsgemäß oder auf der Figur basierend beantwortet werden müssen. Zeigt der Würfel Pflicht an, müssen sich die Mitschüler/Mitfiguren eine Pflichtaufgabe für die Figur ausdenken.

Wichtig ist, dass die Aufgaben und Fragen mit dem Inhalt bzw. der Handlungslogik der Lektüre übereinstimmen und deren Thematik aufweisen.

Variante:
Klebt man nur Blanko-Aufkleber auf die Würfel, kann man die Würfelseiten auch in der Kleingruppe mit Fragen oder anderen Aussagen beschriften und anschließend gemeinsam über diese diskutieren.

Einsatz • Themenimpuls:
beliebige Themen, je nach Lektüre oder Figurenauswahl bei Geschichten

»Ich habe den Kopf voll mit …«

Klassenstufe: 4–10
Dauer: je nach Variante 45–90 Minuten
Materialbedarf: wenn möglich mehrere Tageslichtprojektoren für die gesamte Klasse, Klebeband; pro Schülerpaar zwei Bögen weißes Papier/Tonpapier (DIN A3), zwei Scheren, ein Bleistift, Buntstifte

Idee • Vorgehen:
Die Schüler/innen finden sich paarweise zusammen. Nun setzt sich die eine Hälfte in das Licht des Tageslichtprojektors, sodass ihr Kopfschatten auf das an die Wand geklebte weiße Papier fällt. Die Partner/innen skizzieren nun den Umriss des Schattenkopfes. Dann wird gewechselt. Anschließend wird dieser Schattenkopf ausgeschnitten.
Jede Schülerin/jeder Schüler schreibt nun in ihren/seinen Schattenkopf, was sie/ihn bewegt etc. Anschließend werden alle »Köpfe« auf den Boden gelegt oder an die Wand gehängt. Die Mitschüler/innen können sich die Inhalte der »Köpfe« ansehen.

Variante:
Man kann die Köpfe nach der Sichtung auch den Schüler/innen zuordnen lassen. Bei manchen gelingt dies einfach, bei manchen ist dies schwerer. Allerdings ist dies dann zeitaufwändig.

Variante:
Die Köpfe vorbereitend zeichnen und vervielfältigen. Dann spart man Zeit und hat dennoch einen schönen Effekt. Die Zuordnung fällt dann gegebenenfalls schwerer.

Einsatz • Themenimpuls:
Selbstreflexion, Zukunftsvisionen, aktuelle Begebenheiten, Was denken meine Mitschüler/innen über die Welt …?

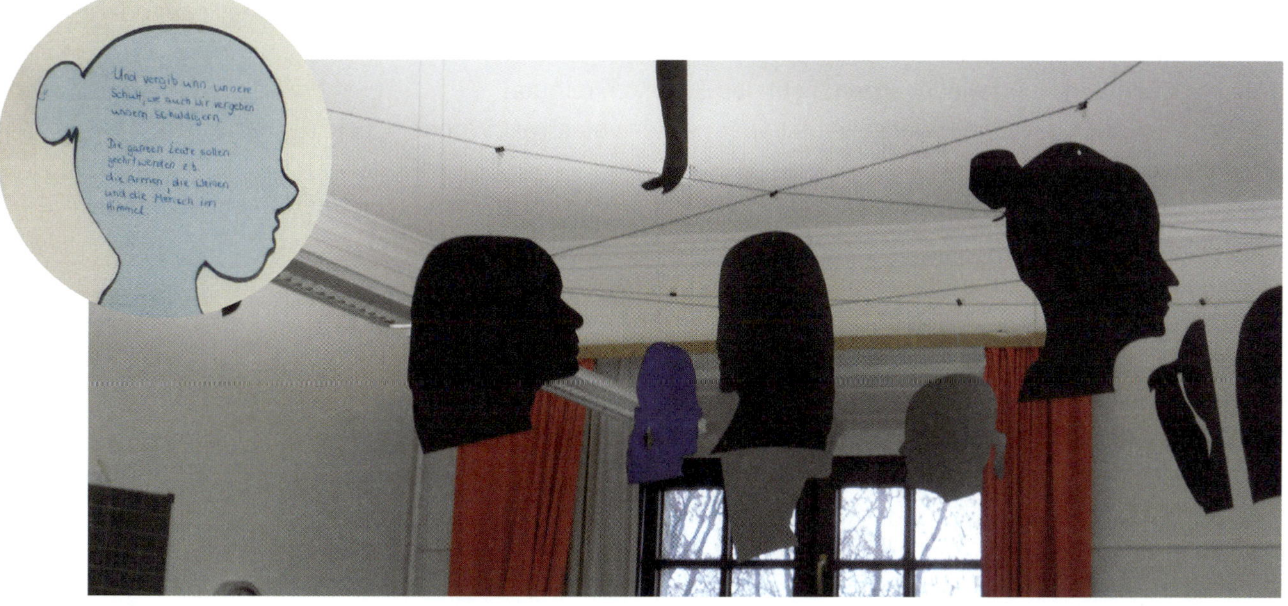

Klassenstufe: 1–10
Dauer: eine Minute pro Schüler/in
Materialbedarf: Federn und Steine in Klassenstärke, zwei Körbchen/Behälter

Idee • Vorgehen:
Die leitende Person sollte ausreichend Federn und Steine, jeweils in einem Körbchen, bereitstellen.
Nun darf jede Schülerin/jeder Schüler aus dem Stuhlkreis heraustreten und entweder eine Feder oder einen Stein zu sich nehmen.
Wenn alle Schüler/innen wieder sitzen, geht das Gespräch reihum:
Die Schüler/innen, die eine Feder gewählt haben, sollen von etwas Schönem/Leichtem erzählen, das passiert ist.
Die Schüler/innen, die einen Stein gewählt haben, sollen von etwas Schwerem/Unschönen erzählen, das passiert ist.
Wichtig ist, dass die Schüler/innen die Bedeutung von Feder und Stein vorab kennen, sodass sie sich entscheiden können, was sie erzählen und was sie wählen müssen.

Einsatz • Themenimpuls:
Rückblicke aller Art: zum Beispiel Ferien- oder Wochenenderlebnisse, Klassenausflüge

40 ABC-Steine

Klassenstufe: 1–10
Dauer: eine Minute pro Schüler/in
Materialbedarf: ca. 80 Steine mit verschiedenen Buchstaben des ABCs, ein Körbchen/Behälter

Idee • Vorgehen:
In einem Körbchen in der Mitte liegen die Steine, auf denen jeweils ein Buchstabe steht.
Die Schüler/innen kommen nun reihum in die Mitte und nehmen sich einen Stein mit einem Buchstaben.
Wenn alle Schüler/innen wieder sitzen, geht das Gespräch reihum:
Die Schüler/innen beginnen ihre Erzählung mit einem Stichwort, das sie sich selbst/sich andere Schüler/innen ausdenken: Dieses Stichwort sollte mit dem Buchstaben beginnen, den sie gewählt haben.
Beispiel: »**C**« = »**C**ool. Mein Wochenende war echt cool, weil ...«

Einsatz • Themenimpuls:
Rückblicke aller Art: zum Beispiel Ferien- und Wochenenderlebnisse, Klassenausflüge
aber auch andere beliebige Themen: Buchkritiken/Reflexionen, ...

Wie viele sind es? - Schüttelgeschichten

Klassenstufe: 7–10
Dauer: 20 Minuten
Materialbedarf: Schüttelgeschichten: erfundene Texte, in die bekannte textliche Elemente eingearbeitet werden (zum Beispiel Werktitel, Figuren, Kapitelüberschriften, ...)

Idee • Vorgehen:
Diese Methode eignet sich zum Beispiel für die Rückschau auf biblische Geschichten und ihre Figuren. Man kann die Schüler/innen in kleine Gruppen einteilen. Jede Gruppe erhält die Geschichte. Nun muss die Gruppe so viele biblische Geschichten, Überschriften oder Figuren (nach Absprache) in der Geschichte finden wie möglich. Dazu dürfen die Schüler/innen die Bibel als Nachschlagewerk nutzen. Am Ende gewinnt, wer die meisten biblischen Texte, Figuren oder Überschriften entdeckt hat.

Variante:
Bewegungsspiel: Die Lehrkraft liest den Text vor und die Schüler/innen stehen an der zutreffenden Textstelle auf.

Beispielgeschichte mit biblischen Kapitelüberschriften (gekürzt):
In einem Land weit weg von hier wohnte ein Mann namens Jakob, Jakobs Frauen und Söhne (Gen 29) und ihr Vieh. Er hatte mehrere Söhne, nämlich Josef und seine Brüder (Gen 37). Er lebte recht lange, doch schließlich starb er. Jakobs Nachkommen in Ägypten (Ex 1) lebten glücklich, bis ein neuer Pharao an die Macht kam. Die Menschen mussten schwer arbeiten und sie versuchten dem Pharao zu erklären, dass es zu viel ist. Die erfolglosen Verhandlungen mit dem Pharao (Ex 5,1) jedoch führten zu Missmut unter dem israelitischen Volk. Sie baten Gott um Hilfe und er schickte die ägyptischen Plagen (Ex 7,1). Schließlich ließ der Pharao die Menschen in die Freiheit ziehen, doch im letzten Moment überlegte er es sich nochmals anders und verfolgte das ziehende Volk. Auf dem Weg zum Sinai (Ex 15,22), als die Israeliten das Schilfmeer erreichten, wollte er sie in eine Falle locken, doch durch die Hilfe Gottes kam es zur Rettung am Schilfmeer (Ex 13,17). (...)

Einsatz • Themenimpuls:
biblische Geschichten, Musiktitel/Popsongs, Künstler, Gemälde, Lektürearbeit

42 Nebenfiguren erzählen

Klassenstufe: 1–10
Dauer: bis zu 45 Minuten
Materialbedarf: gegebenenfalls Taschenwürfel mit Fragen/Hilfssätzen oder Holzwürfel (6x6cm) mit Aufklebern, die die passenden Fragestellungen aufgedruckt haben

Idee • Vorgehen:
Die Idee ist, dass man bei Geschichten aller Art nicht nur die Hauptfiguren im Blick hat, sondern Nebenfiguren erzählen lässt. (Zum Beispiel der Küchenjunge, der vom Koch eine Ohrfeige bekommt im Märchen Dornröschen.)
Interessant ist, mit welcher Fantasie die Schüler/innen erzählen, was die Nebenfigur zu sagen haben könnte.
Ein Hilfsmittel für das Gespräch ist hier unter Umständen ein Würfel mit Taschen. Dieser ist im Handel erhältlich. Er hat durchsichtige Einschubtaschen und kann dadurch mit Fragen oder Erzählhilfen variabel ausgestattet werden.

Einsatz • Themenimpuls:
beliebige Geschichten, Literatur-, Bibelarbeit

43 »Wer Ohren hat, der höre!« - Geräusche raten

Klassenstufe: 1–10
Dauer: 20 Minuten
Materialbedarf: Tonbandaufnahmen von diversen Geräuschen (selbst aufnehmen oder zum Beispiel von www.youtube.de), CD-/MP3-Player/Laptop ... mit Lautsprecherboxen

Idee • Vorgehen:
Die lehrende Person nimmt vorbereitend verschiedene Geräusche auf.
Die Schüler/innen werden in zwei Gruppen eingeteilt, die gegeneinander antreten.
Nun werden die Geräusche der Reihe nach abgespielt. Jede Gruppe notiert sich auf ein Blatt Papier, um welches Geräusch es sich ihrer Meinung nach handelt.
Am Ende wird aufgelöst. Die Gruppe, die die meisten richtigen Geräusche gehört hat, gewinnt das Spiel.

Einsatz • Themenimpuls:
Sinne/Wahrnehmung

44 Spiraltexte und -lieder

Eine Geschichte wird spiralförmig notiert und dann gelesen.
Eignet sich auch für Liedtexte, bei denen die Melodie bekannt ist.
Führt manchmal zu etwas Verwirrung und zu allgemeiner Erheiterung!

Klassenstufe: 5–10
Dauer: 10 Minuten
Materialbedarf: Texte in Spiralform

Idee • Vorgehen:
Lieder und Geschichten werden spiralförmig geschrieben und ausgedruckt.
Dadurch müssen die Schüler/innen die Blätter beim Lesen immer drehen.
Das bedeutet, sie müssen sich doppelt konzentrieren und haben ggf. den doppelten Spaß.

Einsatz • Themenimpuls:
beliebige Lieder und Texte, konzentrationsfördernd, lustig

45 Düfte malen

Klassenstufe: 1–10
Dauer: bis zu 45 Minuten
Materialbedarf: ein weißes DIN-A4-Blatt, Holzfarben/Wachsmalkreiden/verschiedene Buntstifte pro Schüler/in

Idee • Vorgehen:

Auf einem gemeinsamen Spaziergang versuchen die Schüler/innen, so viele Düfte wie möglich wahrzunehmen. Gegebenenfalls können auch Gegenstände (Blumen, Blätter, Holzstückchen) gesammelt werden.

Anschließend versuchen die Schüler/innen, jeweils ihre Assoziationen und Düfte mit Farbe auf einem weißen Blatt auszudrücken.

Interessant ist, welche Farbassoziationen die Düfte bei den Schüler/innen auslösen und ein Vergleich der Ergebnisse untereinander.

Variante:

Die Schüler/innen zeichnen auf das weiße Blatt eine Linie. Diese stellt den Ablauf des Spaziergangs dar. Nun sollen sie den Spaziergang in Farbe Revue passieren lassen. Interessant ist ein Vergleich der Ergebnisse: An welchen Stellen des Spaziergangs hatten die Schüler/innen ähnliche Düfte registriert bzw. ähnliche Farbassoziationen?

Bei jüngeren Schüler/innen kann man auch Vorlagen mit Stationen geben, an denen jeweils ein Kästchen auf einem Blatt angemalt werden muss. Oder ein Blatt mit einem Zeitstrahl, auf dem Stationen eingezeichnet sind, verwenden.

Einsatz • Themenimpuls:

Achtsamkeit, Natur, Sinne schärfen, Kommunikation, Wahrnehmung, Schöpfung, Gottes Gegenwart

46 Farbe der Stille

Klassenstufe: 1–10
Dauer: bis zu 45 Minuten
Materialbedarf: Acryl- oder Temperafarbe, ein weißer Bogen Papier (DIN A4 oder A3) pro Schüler/in

Idee • Vorgehen:
Die Schüler/innen sitzen in einem Stuhlkreis mit einem Bogen weißen Papier auf dem Schoß. Nun schließen alle die Augen. Die Schüler/innen sollen zur Ruhe finden und in sich hineinhorchen. Welche Farbe der Stille taucht in ihrem Inneren auf? Welche Farbe hat ihre momentane innere Stimmung? Dann sollen die Schüler/innen ihre Farbe der Stille auf das weiße Blatt Papier bringen.
Im Anschluss ist ein Gespräch über die Stimmungsbilder möglich.

Variante:
Ebenso ist es möglich, dass die Schüler/innen auf die Rückseite ihres Papierbogens eine kurze Erkenntnis schriftlich notieren. Zum Beispiel: *»Als ich meine Farbe auf dem weißen Papier aufbringen sollte ...«; »Als ich meine Farbe bewusst sah, erkannte ich, dass ich ...«*

Einsatz • Themenimpuls:
Kommunikation, Stimmung wahrnehmen, Sinne schärfen, Achtsamkeit

©istock/aga7ta

47 Malen in Kleister

Klassenstufe: 7–10
Dauer: bis zu 45 Minuten + Trocknungsphase
Materialbedarf: ein Raufaser-Tapetenstück (50 cm) pro Schüler/in; Kleister, Wasser, Behälter, großer Pinsel, um Tapetenstücke großflächig mit Kleister einzustreichen; Wasserfarben, ein Pinsel, evtl. ein Bild/Foto, evtl. ein weißes Blatt pro Schüler/in

Idee • Vorgehen:
Vorbereitend den Kleister nach Anleitung in Wasser anrühren. Raufaser-Tapetenstücke (ca. 50x50cm) vorbereiten.

Die Schüler/innen erhalten jeweils ein Tapetenstück und bestreichen es komplett mit Kleister. In den noch feuchten Kleister können die Schüler/innen nun je nach Thematik mit Wasserfarben und Pinsel ihr Bild hineinmalen.
Durch den Kleister wirken die Farben etwas verwaschen.
Anschließend gut trocknen lassen. Danach bietet sich eine kleine Ausstellung an.

Variante:
Interessant ist es, ein von Schüler/innen mitgebrachtes Schwarz-weiß-Bild in das eigene Bild miteinzuarbeiten. Oder der Lehrer bietet zu einer bestimmten Thematik eine gewisse Auswahl an. Die Schüler/innen sollen ihre Wahl anschließend an die Arbeit begründen und dies auf einem weißen Blatt notieren. Dieses wird später auf die Rückseite des getrockneten Bildes geklebt.

Einsatz • Themenimpuls:
vielfältig einsetzbar, es bieten sich religiöse Themen und Bilder (zum Beispiel Holzschnitte von Walter Habdank) zur Einarbeitung in das Kleisterbild an, aber auch eine Auseinandersetzung mit lyrischen Texten (Beispielbild: »John Maynard« von Theodor Fontane)

© opendipart/Firkin (aus einer Zeichnung in: Travels in Africa during the years 1875-1878. Wilhelm Junker, 1890)

48 Bleistiftbilder

Klassenstufe: 7–10
Dauer: bis zu 45 Minuten
Materialbedarf: ein Schwarz-weiß-Bild nach Thema, ein weißes DIN-A4- oder DIN-A3-Blatt, ein Bleistift pro Schüler/in

Idee • Vorgehen:
Die leitende Person bietet den Schüler/innen eine Auswahl an Schwarz-weiß-Bildern zu einem bestimmten Thema an. (Im Bildbeispiel: »In Gottes Hand« von Walter Habdank.)
Die Schüler/innen sollen das Bild nun so zurechtschneiden, wie sie es für richtig halten. Anschließend kleben sie das Bild auf ein weißes Blatt Papier und arbeiten es mit Bleistift in ihr eigenes Bild ein.
Diese Aufgabe eignet sich zumeist für die höheren Klassenstufen, ist interessant und fördert die intensive Auseinandersetzung mit dem Thema sowie die Kreativität, kostet jedoch Zeit.

Einsatz • Themenimpuls:
Literatur- und Lyrikarbeit, Kunst, biblische Themen

Bleistiftbild »In Gottes Hand«, integriert: Walter Habdank: »In manibus tuis« zu Psalm 31, Holzschnitt 1972
© VG Bild-Kunst, Bonn 2017

49 Zuordnungsspiele: Was niemand von mir weiß ...

Klassenstufe: 1–10
Dauer: bis zu 45 Minuten
Materialbedarf: ein Foto nach Thema pro Schüler/in (wird von zu Hause mitgebacht)

Idee • Vorgehen:
Zuordnungsspiele sind vor allem bei jüngeren Kindern beliebt.
Die Idee ist, dass Schüler/innen zum gegenseitigen Kennenlernen ein Foto von ihrem Vater, ihrer Mutter, ihrem Lieblingshaustier, ihrem Hobby etc. mitbringen.
Diese Fotos werden in den Kreis gelegt. Wenn jemand denkt, er weiß, wer zu wem gehört, darf er aufstehen und das Bild der jeweiligen Schülerin/dem jeweiligen Schüler bringen.
Eine Ausnahme sollte man festlegen: Die beste Freundin darf nicht das Foto ihrer Freundin auflösen.

Einsatz • Themenimpuls:
Kennenlern-Phasen zum Schuleinstieg

50 Lautmalerei

Klassenstufe: 7–10
Dauer: bis zu 45 Minuten
Materialbedarf: ein Text pro Kleingruppe; sämtliche Dinge, die einen Laut von sich geben (Stifte, Pausenbrotdosen ...)

Idee • Vorgehen:
Bei dieser Idee geht es darum, einen Text zu vertonen. Geeignet sind Texte und Geschichten aller Art. Es gibt einen Sprecher, der den Text vorliest. Sein Team macht an geeigneten Stellen Geräusche und Laute und untermalt dadurch den Text in eigener Form.
Interessant sind die vielen Varianten, die ein Text bietet. Aber auch Gleiches wird auftreten. Es lohnt sich, diese Eigenheiten zu reflektieren, da dadurch deutlich wird, an welchen Stellen des Textes wichtige Äußerungen oder Elemente auftreten.

Einsatz • Themenimpuls:
Geschichten aller Art, Bibeltexte

51 Mit Josef unterwegs ...

Klassenstufe: 1–7
Dauer: bis zu 15 Minuten
Materialbedarf: Texte, vorbereitetes Bewegungsmuster

Idee • Vorgehen:
Hierbei handelt es sich um eine Form des Bewegungsspiels. Geeignet sind hierfür alle Geschichten, in denen sich jemand fortbewegt, insbesondere biblische Geschichten (Josef, Mose, Jesu Einzug in Jerusalem ...).
Die leitende Person denkt sich hierfür vorab zur Geschichte passende Bewegungen aus. Die Klasse macht diese dann nach.
So prägt sich manche Geschichte noch besser ein und gleichzeitig haben die Schüler/innen etwas Bewegung in ihrem Alltag. Geeignet ist dies Methode vorzugsweise für jüngere Schüler/innen.

Variante:
Als zweiter Schritt ist es möglich, dass sich die Schüler bei Geschichten, die sich inhaltlich einprägen sollen, in Gruppen ein Bewegungsmuster für die Mitschüler/innen überlegen müssen.

Einsatz • Themenimpuls:
biblische Themen, Geschichten/Gedichte aller Art

52 Fotostory

Klassenstufe: 8–10
Dauer: bis zu 120 Minuten
Materialbedarf: ein Handy, um zu fotografieren/eine Digitalkamera pro Kleingruppe; Farbdrucker und ausreichend Papier; Schere, Kleber, Schauspielmaterialien und mindestens ein DIN-A3-Plakat pro Kleingruppe

Idee • Vorgehen:
Die Schüler/innen sollen sich in der Kleingruppe zum jeweiligen Morgenkreisthema eine kurze Fotostory ausdenken, diese anschließend schauspielerisch umsetzen und fotografieren.
Die Fotos werden noch mit Texten und Sprechblasen versehen und dann im Klassenzimmer ausgestellt. So kann ein Thema auf vielfältige Weise bearbeitet werden.

Einsatz • Themenimpuls:
beliebige Themen; für ältere Schüler/innen besonders geeignet

53 Musik zeichnen

Klassenstufe: 1–10
Dauer: bis zu 25 Minuten
Materialbedarf: CD-/MP 3-Player/... und Lieder zum Abspielen; ein weißes DIN-A4-Blatt, Buntstifte pro Schüler/in

Idee • Vorgehen:
Die Schüler/innen erhalten ein weißes Blatt Papier und viele Buntstifte.
Nun hören sie in Ruhe ein von der leitenden Person ausgewähltes, zum Thema passendes Musikstück an. Anschließend dürfen sie auf dem weißen Blatt ihre Gefühle, Eindrücke, ... aufmalen, die aufkamen, als sie das Lied hörten.

Variante:
Die Schüler/innen dürfen jeweils ihr Lieblingslied anhören, sollen dieses dann auf Papier bringen. Eventuell können die Mitschüler/innen raten, um welches Lied es sich handelt.

Einsatz • Themenimpuls:
vielfältig einsetzbar

54 Pantomime

Klassenstufe: 1–10
Dauer: bis zu 25 Minuten
Materialbedarf: mindestens ein Rollenkärtchen pro Schüler/in, ggf. Texte/Szenenausschnitte

Idee • Vorgehen:
Lustig und für fast alle Themenbereiche geeignet ist das klassische Pantomime-Spiel.
Das Darstellen von Figuren und Szenen durch Gebärden und Mienenspiel ist eine gute Möglichkeit, den Morgenkreis etwas aufzulockern. Dabei gibt es sowohl die Möglichkeit, den Schüler/innen – neben den Begriffen – auch Szenenausschnitte auszuhändigen als auch die Variante, dass sich die Schüler/innen selbstständig einen Szenenausschnitt aussuchen.

Einsatz • Themenimpuls:
beliebige Szenen oder Figuren aus Texten (zum Beispiel aus dem biblischen Bereich)

55 Standbilder

Klassenstufe: 7–10
Dauer: bis zu 45 Minuten
Materialbedarf: –

© *istock/rvlsoft*

Idee • Vorgehen:
Ein Standbild ist eine pantomimische Situation, die aus den Schüler/innen gebildet wird und eine Figurengruppe darstellt. Die Figurengruppe wird so positioniert, dass Wesentliches über die Beziehungen der Figuren untereinander und ihre Eigenheiten erkennbar wird. Durch diese Methode können Schüler/innen bestimmte Zusammenhänge besser verstehen.
Meist geht man so vor, dass ein »Baumeister« die Gruppe bildet. Die Mitschüler/innen schauen schweigend zu. Anschließend wird das »Bild« reflektiert, nach den Äußerungen der Mitschüler/innen darf der »Baumeister« seine Absichten nennen.

Varianten:
- Es können mehrere »Baumeister« an der Figurengruppe tätig sein.
- Fertige Standbilder können durch Mitschüler/innen abgewandelt oder weitergebaut werden.
- Schüler/innen treten hinter die Figuren der Standbilder, legen ihr die Hand auf die Schulter und sprechen in der Ich-Form (alter Ego) aus, was die Figur ihrer Meinung nach gerade denkt.

Achtung: Es ist sinnvoll, die Schüler/innen mit einigen Worten in die Situation einzuführen und am Ende der Übung wieder aus dem Geschehen abzuholen!

Einsatz • Themenimpuls:
Beziehungen darstellen, Inhalte klären, Kreativität fördern

56 Massage

Klassenstufe: 1–10
Dauer: bis zu 15 Minuten
Materialbedarf: –

Idee • Vorgehen:
Die Schüler/innen sitzen oder stehen in einem Kreis, sodass jede Person den Rücken bzw. die Schulter seines Vordermannes im Blick hat. Dann wird nach Anleitung eine Massage durchgeführt. Lustig sind »Themenmassagen«, zum Beispiel eine Regenmassage:

Der Spielleiter beschreibt folgende Situation:

»Ihr liegt auf der Wiese und döst. Plötzlich kommt Wind auf und dunkle Wolken ziehen am Himmel auf. Es beginnt zu regnen …«
Jetzt beschreibt die leitende Person unterschiedliche Regenarten:
»Das Unwetter beginnt mit leichtem Nieselregen … *(Die Schüler/innen tippen sich mit den Fingerspitzen leicht über den Rücken.)* Dann kommen dicke Regentropfen … *(Die Schüler/innen tippen kräftiger mit den Fingerkuppen auf den Rücken.)* Plötzlich blitzt und donnert es … *(Die Schüler/innen klopfen gefühlvoll mit der flachen Hand über den Rücken.)* Wind kommt hinzu und es gibt stürmische Böen … *(Die Schüler/innen wischen mit der flachen Hand über den Rücken.)* Dann verzieht sich das Gewitter so schnell, wie es gekommen ist, und die Sonne scheint … *(Die Schüler/innen dürfen sich ausruhen.)* …

Achtung: Massagen sind immer mit Nähe verbunden. Daher freiwillig anbieten!
Eventuell auch nach Geschlechtern trennen und mit zwei Kreisen arbeiten. Alternativ geht die Massage auch im Zweierteam.

Einsatz • Themenimpuls:
Massage an das Thema anpassen

57 Jahres- oder Monatsmotto

Klassenstufe: 6–10
Dauer: 20–45 Minuten
Materialbedarf: vorbereitete Buchstaben auf DIN-A4- oder DIN-A5-Blättern

Idee • Vorgehen:
Hierfür überlegt sich die leitende Person ein Jahres- oder Monatsmotto. Alle Buchstaben des Mottos werden in Großbuchstaben auf einzelne weiße DIN-A4-Blätter gedruckt. Am besten eignet sich ein Schrifttyp zum Ausmalen. Die Buchstaben werden vermischt und je nach Länge des Mottos entweder alle gemeinsam oder in Wort-Gruppen im Kreis ausgelegt. Die Schüler/innen sollen nun das Motto erraten. Anschließend erhält jede Schülerin/jeder Schüler einen oder mehrere Buchstaben, die sie/er gestalten darf. Wenn alle Buchstaben ausgefüllt sind, wird das Motto für alle sichtbar im Klassenzimmer aufgehängt.

Beispiel:

HIER WIRD GELERNT, GELACHT, GELEBT!

Variante:
Wenn den Schüler/innen diese Methode bekannt ist, funktioniert es auch hervorragend, wenn die Schüler/innen sich abwechselnd in Kleingruppen pro Monat ein Motto überlegen und der Rest der Klasse dieses dann erraten muss. So ist die Klasse noch besser in die Überlegungen und die Gestaltung ihres Lernumfelds eingebunden.

Einsatz • Themenimpuls:
Jahres- oder Monatsmotto

»Dich durch meine Augen sehen«

Klassenstufe: 7–10
Dauer: 25–35 Minuten
Materialbedarf: ein DIN-A3- oder DIN-A4-Blatt, ein (mitgebrachtes) Foto pro Schüler/in

Idee • Vorgehen:
Je nach Thema bringen die Schüler/innen vorbereitend ein Foto mit. Auf dem Bild kann ein geliebter oder ungeliebter Gegenstand bzw. eine Person zu sehen sein.

Die Schüler/innen zeichnen ein Auge auf ein weißes Blatt Papier. Anschließend schneiden sie das mitgebrachte Foto in Form eines Kreises aus – »die Pupille«. Das Auge kann dann noch mit Symbolen wie Herzen, Blitzen, Sternen, ... erweitert werden.

Einsatz • Themenimpuls:
Geliebtes und Ungeliebtes, Symbolarbeit

Was ich werden möchte: Zeitungsbilder Schüler/innen zuordnen

Klassenstufe: 7–10
Dauer: bis zu 30 Minuten
Materialbedarf: Zeitungsbilder, die von den Schüler/innen mitgebracht werden. (*Hinweis:* Wenn davon auszugehen ist, dass nicht alle Schüler/innen zuhause an eine Zeitung gelangen, sollten auch Bilder aus dem Internet ermöglicht werden.)

© *istock/art-sonik*

Idee • Vorgehen:
Die Schüler/innen sollen aus Zeitschriften Bilder ausschneiden mit Berufen, die für sie in Frage kommen bzw. mit Bildern, die zeigen, was sie einmal werden möchten.
Diese Bilder werden in die Mitte des Morgenkreises gelegt.
Nun sollen die Mitschüler/innen die Bilder zuordnen. Dabei ist es wichtig, dass sie begründen, warum sie der Meinung sind, ein bestimmtes Bild gehöre zu einer bestimmten Person!
Nur so werden Eigenschaften von Mitschüler/innen genannt und reflektiert.
Dies ist vielleicht für den einen oder anderen Schüler eine Möglichkeit, unentdeckte oder unbemerkte Fähigkeiten zu realisieren.

Einsatz • Themenimpuls:
Berufswahl, Träume, Zukunftsvisionen

60 Gerüchteküche

Klassenstufe: 7–10
Dauer: 30 Minuten
Materialbedarf: Bild auf Folie für OHP/Bild für Beamer (geeignetes Gemäldebild: »Das Schlafzimmer in Arles« von Vincent van Gogh)

Idee • Vorgehen:
Vier Schüler/innen werden vor die Tür geschickt.
Dann dürfen alle anderen Schüler/innen im Klassenzimmer ein Bild, welches die leitende Person auswählt, ansehen.
Der erste Schüler darf in das Klassenzimmer zurückkehren. Er darf das Bild ebenfalls eine Minute betrachten.
Nun wird eine zweite Schülerin hereingeholt. Sie darf das Bild nicht sehen!
Schüler 1 erklärt nun Schülerin 2, was er gesehen hat.
Nun wird Schüler 3 hereingeholt. Schülerin 2 erklärt ihm das Bild.
Abschließend kommt Schülerin 4 ins Zimmer. Schüler 3 erklärt ihr, was auf dem Bild (angeblich) zu sehen ist.

Für die Mitschüler/innen, die das Bild im Original kennen, ist es erstaunlich, welche Details weitergegeben werden, was hinzuerfunden wird, aber im Original nicht auftaucht, und wie sich die Varianten des Gesagten verändern.

Abschließend wird reflektiert, was passiert, wenn man Gerüchte oder auch Wahrheiten weiterverbreitet. Wie sich Gesagtes verändert und welche Folgen dies haben kann.

Einsatz • Themenimpuls:
Kommunikation, Gerüchte streuen, Wahrheit und Lüge, ...

61 Gemeinsame Blumenwiese

Klassenstufe: 1–7
Dauer: bis zu 90 Minuten
Materialbedarf: Stoffbanner (ca. 5 Meter) oder mehrere alte, aneinandergenähte weiße Leintücher, Acrylfarbe, Borstenpinsel, Jahreszeitengedicht

Idee • Vorgehen:
Hinführend zu dieser Aufgabe wird ein Gedicht zur entsprechenden Jahreszeit besprochen. Anschließend wird das große Leintuch auf dem Boden ausgelegt. Man einigt sich auf Himmel- und Erdenseite und dann dürfen alle Schüler/innen auf dem Banner eine zur Jahreszeit passende Wiese (mit Bäumen, Vögeln, Bienen, Blumen, ...) malen. Hierfür nutzen die Schüler/innen am besten Acrylfarbe und Borstenpinsel, da man mit diesen besser auf Stoff malen kann.
Wer möchte, kann auch eine Stelle aus dem Gedicht auf dem Stoffbanner anbringen.

Einsatz • Themenimpuls:
Jahreszeiten: Frühjahr, Sommer und Herbst; Winter ist nicht so gut geeignet, da das Leintuch bzw. Schnee weiß ist

62 Werbesprüche

Klassenstufe: 6–10
Dauer: bis zu 30 Minuten
Materialbedarf: weiße Papierstreifen ca. 30 x 12 cm

Idee • Vorgehen:
Die Schüler/innen sollen einen Werbespruch für sich (oder andere) erfinden. Darin soll auf ihre guten Eigenschaften eingegangen werden. Der Werbespruch wird in großen Buchstaben auf einen Papierstreifen geschrieben und anschließend in der Gruppe vorgestellt.

Einsatz • Themenimpuls:
Eigenschaften

Emotion - Farbe - Bild

Klassenstufe: 5–7
Dauer: ca. 30 Minuten
Materialbedarf: eine Geschichte/Textvorlage; 2 weiße DIN-A4-Blätter, Buntstifte, Holzfarben oder Wachsmalfarben, Schere, Klebestift pro Schüler/in

Idee • Vorgehen:

Die Lehrkraft liest einen beliebigen Text vor. Die Schüler/innen sollen vier Farben wählen, die sie emotional mit dem Inhalt des Textes verbinden. Mit diesen vier Farben malen sie einen weißen Papierbogen bunt an. Dann werden frei aus den bunten Papierbögen möglichst viele beliebige elliptische oder rautenförmige Teile ausgeschnitten. Diese Einzelteile sind quasi die Federn eines Engelsflügels. Nun werden diese bunten Einzelteile auf eine Vorlage mit aufgedrucktem Körper aufgeklebt, sodass der Körper zum Engel mit Flügeln wird.
Den wichtigsten Satz aus dem Text dürfen die Schüler/innen ebenfalls auf dem Engelsblatt notieren.

Tipp: Wenn andere Formen ausgeschnitten werden, sind auch Blätter von Bäumen, Blüten, Schmetterlingen oder anderem möglich und das Einsatzgebiet erweitert sich dementsprechend.

Einsatz • Themenimpuls:

Maria Verkündigung, Engel, Himmelsboten, biblische Texte, Kurzgeschichten, Gedichte, ...

64 Freundschaftsarmbänder

Klassenstufe: 5–7
Dauer: bis zu 45 Minuten
Materialbedarf: Lederreste und -bänder, Ketten, Nieten, Zangen, Schere, bunte Bänder, evtl. Verschlüsse

Idee • Vorgehen:
Die Schüler/innen gestalten für sich ein Freundschaftsarmband. Damit dies auch Jungs anspricht, braucht man unbedingt Ketten- und Lederreste sowie Nieten. Für Jungen ist es vielleicht auch attraktiver, »Schlüsselbänder« zu gestalten als Freundschaftsarmbänder.
Interessant sind sogenannte »Bettelarmbänder«. Wenn jede Schülerin/jeder Schüler kleine Dinge als Anhänger mitbringt, können diese verschenkt bzw. ausgetauscht werden. Dann gestaltet jede Schülerin/jeder Schüler für sich selbst ein Armband mit den geschenkten/getauschten Anhängern. So entsteht ein Armband, bei dem alle Freunde »enthalten« sind.

Tipp: Wer keine Verschlüsse hat, kann sich mit Doppelknoten behelfen.

Einsatz • Themenimpuls:
Freundschaft

65 Puzzleteile

Klassenstufe: 1–10
Dauer: 35 Minuten
Materialbedarf: bunte Puzzleteil-Vorlagen (mindestens) im Klassensatz, Stifte, ggf. Scheren

Idee • Vorgehen:
Jede Schülerin/jeder Schüler darf sich ein buntes Vorlagen-Puzzleteil auswählen. Dieses kann sie/er nun nach eigenem Ermessen (oder auch nach Vorgabe) je nach Thema gestalten.
Anschließend werden die Puzzleteile in der Runde vorgestellt.
Um einen gemeinschaftlichen Effekt zu erzielen, werden die Puzzleteile zum Schluss ineinandergefügt, sodass das Gemeinsame ersichtlich wird,

Einsatz • Themenimpuls:
Freundschaft, Steckbriefe/Kennenlernen, Gemeinschaft, aber auch Klassenregeln, Buchvorstellungen, Steckbriefe von Tieren, Gebete, ...

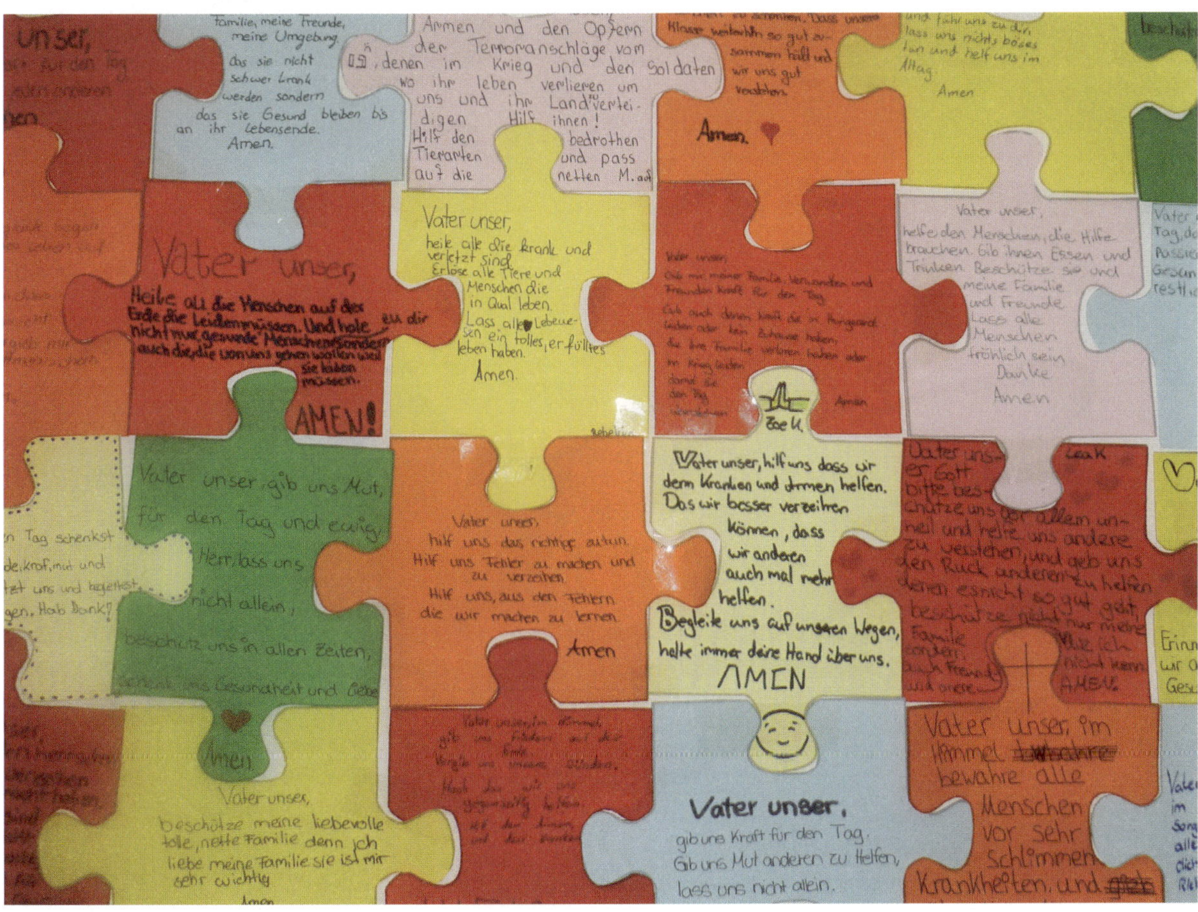

Klassenstufe: 5–10
Dauer: je nach Altersstufe 15–30 Minuten
Material: ein weißes DIN-A4-Blatt, Buntstifte pro Schüler/in

Idee • Vorgehen:
Auf ein weißes Blatt wird die Hand so aufgelegt, dass der Daumen abgespreizt wird. Dann wird die Hand mit einem schwarzen Stift umfahren, sodass eine Taubenform entsteht.
Im Anschluss wird die Taube mit Farbe koloriert. Wenn man möchte, kann man zudem den im Unterricht behandelten Spruch, das Zitat oder eine Textsequenz auf das Blatt notieren.

Einsatz • Themenimpuls:
Friedenstaube, Vögel des Himmels/Lebensbaum, Schöpfungsgeschichte, Tierwelt, »Wenn ich Flügel hätte, würde ich…«, …

67 Jahreszeiten weben

Klassenstufe: 1–7
Dauer: bis zu 45 Minuten
Materialbedarf: Schnüre, Naturmaterialien (vier gleich lange Stöcke, Blumen, Blätter, ...) pro Schüler/in bzw. Schülerpaar

Idee • Vorgehen:
Diese Arbeit erfordert etwas mehr Zeit.
Die Schüler/innen sammeln auf einem gemeinsamen Naturspaziergang diverse Naturmaterialien.
Wichtig ist, dass sie dabei auf jeden Fall vier etwa gleich lange Stöcke sammeln.
Diese Stöcke werden nun mit Schnüren zu einem Rahmen zusammengebunden. Anschließend werden im Abstand von etwa drei Zentimetern Schnüre im Inneren des Rahmens gespannt. In diese Schnüre flechten die Schüler/innen nun ihre gesammelten Naturmaterialien. So entstehen einmalige Naturkunstwerke, die man einige Zeit im Klassenzimmer ausstellen kann.

Einsatz • Themenimpuls:
Jahreszeiten, Meditation, Natur, Schöpfung, ...

68 Zauberkugel

Klassenstufe: 1–6
Dauer: bis zu 25 Minuten
Materialbedarf: Heißklebepistole; ein leeres Marmeladenglas, ca. 250ml pro Glas Glycerin oder destilliertes Wasser, eine (mitgebrachte) Spielfigur, ausreichend Alufolie/Glitter/Geschenkband pro Schüler/in

Idee • Vorgehen:

Diese Idee ist besonders für die unteren Klassenstufen bzw. jüngere Kinder geeignet.

Vorbereitend bringen die Schüler/innen kleine Figuren (Legofiguren, Überraschungsei-Figuren, ...) mit. Die leitende Person sollte aus der Apotheke flüssiges Glycerin besorgen.

Mit der Heißklebepistole wird die Figur auf die Deckelinnenseite des Marmeladenglases geklebt. Dann wird Alufolie oder glänzendes Geschenkband in winzig kleine Stückchen geschnitten. Möglichst reichlich. Alternativ und zur Zeitersparnis kann hierfür auch Bastelglitter verwendet werden. Die Alufolienfetzen bzw. der Glitter kommen in das Glas. Nun wird das Glas mit Glycerin oder destilliertem Wasser bis kurz unter den Rand gefüllt. (Glycerin ist etwas dickflüssiger und der Glitter bleibt länger schweben als in destilliertem Wasser.) Dann wird der Deckel aufgeschraubt. Nun kann man das Glas drehen und schütteln und hat eine kleine Zauberkugel.

Einsatz • Themenimpuls:

vielfältig einsetzbar, z. B. Weihnachten, Ostern, Winter...

Wellenhände

Klassenstufe: 1–7
Dauer: 25 Minuten
Materialbedarf: ein DIN-A4- oder DIN-A3-Blatt, ein Bleistift, Buntstifte pro Schüler/in

Idee • Vorgehen:
Die Schüler/innen zeichnen zuerst mit Bleistift ganz dünn den Umriss ihrer Hand auf ein weißes Blatt Papier. Dann werden horizontale, gerade Linien bis zur Umrisslinie gezeichnet. Die Hand selbst wird mit einer gebogenen Linie durchquert. So entsteht ein optisch ansprechendes Bild der eigenen Hand, welches auch noch mit farbigen Linien ergänzt werden kann.

Einsatz • Themenimpuls:
Hände

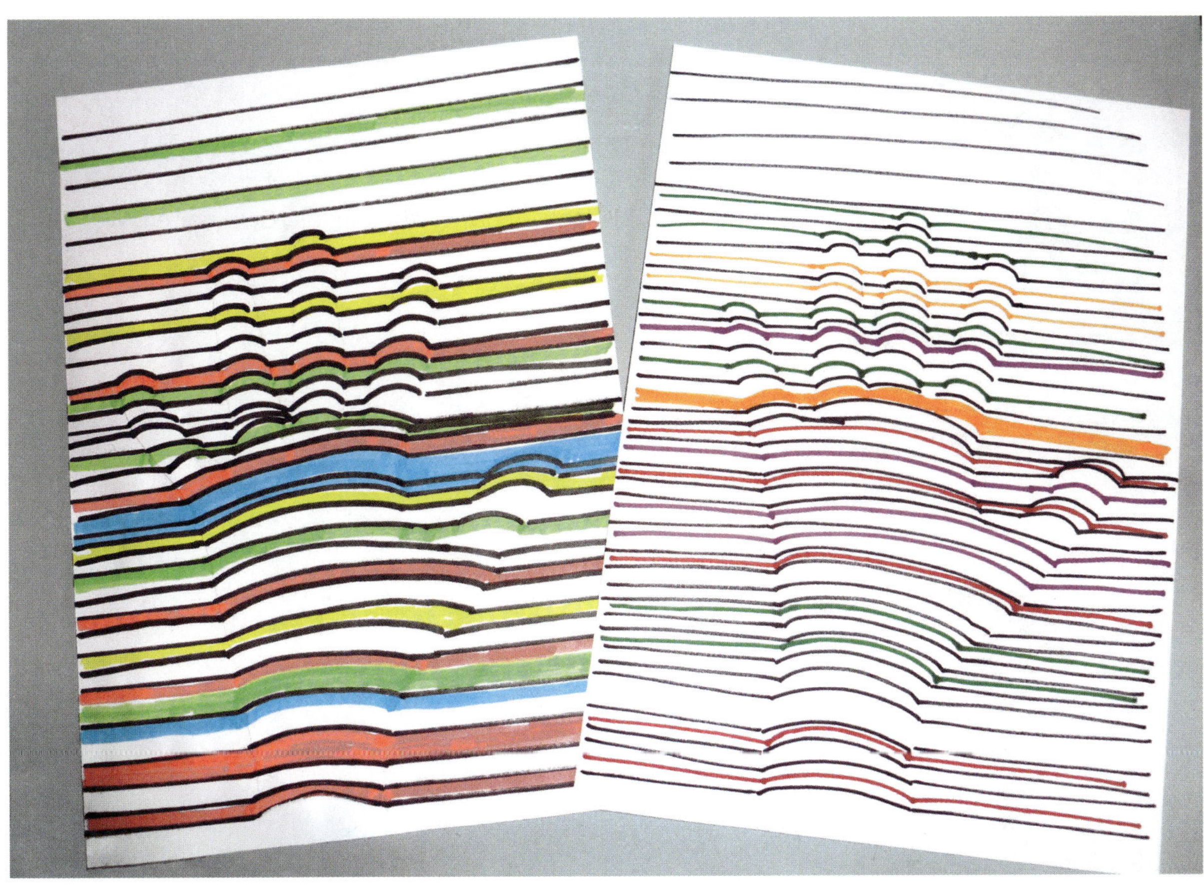

70 Unterm Regenschirm

Klassenstufe: 1–9
Dauer: bis zu 35 Minuten
Materialbedarf: eine Figur-Vorlage auf schwarzem Tonpapier, ein weißes DIN-A4- oder DIN-A3-Papier, eine Schere, Klebstoff pro Schüler/in

Idee • Vorgehen:
Die Schüler/innen schneiden aus dem schwarzen Tonpapier die jeweilige männliche oder weibliche Figur mit Schirm aus und kleben diese auf ein weißes Blatt Papier. Anschließend wird ein Zitat aus einem Text/Lied/Bibel in roter Farbe auf das Blatt notiert. Dieser eine Satz sollte prägend für den jeweiligen Bezugstext sein. Anschließend wird ein der Quintessenz des Textes gegenteiliges Wort immer wieder notiert. Der Bereich unter dem Schirm bleibt dabei ausgespart.

Variante:
Man kann die Wörter und das Zitat auch mit dem Computer schreiben lassen. Für jüngere Schüler/innen bietet sich dies an, um einen einfachen Umgang mit dem Computerprogramm zu trainieren.

Einsatz • Themenimpuls:
vielfältig einsetzbar, zum Beispiel: Unter Gottes Schutz und Schirm, Gefühle jeglicher Art, Achtsamkeit, Gesundheit, Wer bin ich?

71 Luftballon-Druck

Klassenstufe: 1–7
Dauer: bis zu 30 Minuten + Trocknungsphase
Materialbedarf: ein Wasserbomben-Luftballon, ein Papp- oder Plastikteller, ein weißes DIN-A3-Blatt pro Schüler/in, Acryl- oder Temperafarbe

Idee • Vorgehen:
Die Wasserbomben-Luftballone werden aufgeblasen. Dann wird Farbe auf den Papp- bzw. Plastikteller gegeben.
Nun taucht man den unteren Teil des Luftballons in den Farbteller und druckt anschließend einen Abdruck auf das Papier.
So kann man vielfältige Bilder gestalten und mit Formen und Farben spielen.

Einsatz • Themenimpuls:
vielfältig einsetzbar: Raupen, Luftballone, Weihnachtskugeln,...

72 Kandinsky mit Durchsicht

Klassenstufe: 3–10
Dauer: bis zu 45 Minuten
Materialbedarf: Transparentpapier (ca. 4 Bögen buntes Papier, ein Bogen weißes DIN-A4-Papier); Klebstoff, Schere pro Schüler/in

Idee • Vorgehen:
Diese Arbeit ist eine Gruppen- oder Gemeinschaftsarbeit.
Jede Schülerin/jeder Schüler schneidet aus dem bunten Transparentpapier mehrere geometrische Formen aus, die ihr/ihm besonders gefallen. Diese Formen werden nun auf dem weißen Transparentpapier übereinander geklebt. So entsteht ein Fensterbild nach Art Kandinsky.
Eine Erweiterung ist, dass man mit einem feinen Folienstift die Namen der Schüler/innen auf ihre Formen schreibt oder auch ein Bibelzitat einbettet, ... So erhalten die Bilder noch mehr individuellen Charakter.

Einsatz • Themenimpuls:
Klassengemeinschaft, Bibelarbeit, Kirchenfenster

Stifte-Monster

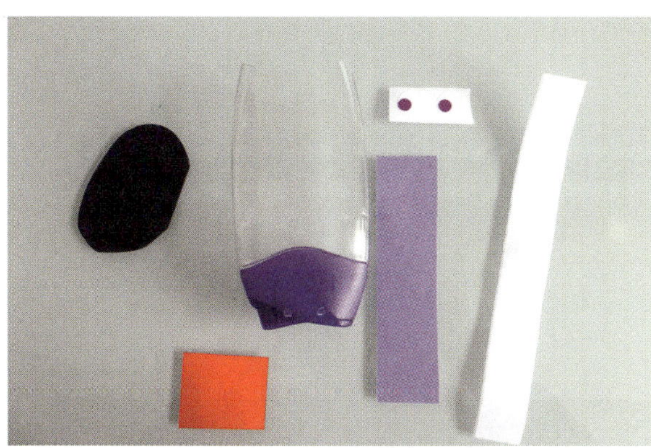

Klassenstufe: 1–6
Dauer: 25 Minuten
Materialbedarf: eine (mitgebrachte) leere Duschbad- oder Shampoo-Flasche, eine Schere, Klebstoff, je zwei Klebepunkte weiß und schwarz für die Augen, idealerweise weiße/bunte Selbstklebefolie für den Mund, gegebenenfalls Tonpapier für die Arme, Tesafilm, Reißzwecken, pro Schüler/in; gegebenenfalls Folienstifte

Idee • Vorgehen:
Diese kleinen Aufbewahrungshelfer für die Klasse kann man schön in einem Morgenkreis zum Thema »Ängste« anfertigen:
Man schneidet das obere Ende der leeren Duschgel-Flasche in Zackenform ab. Dann gestaltet man mit der Selbstklebefolie die Augen und den Mund der »Angstmonster«. Mit buntem Tonpapier kann man noch Arme ausschneiden, welche man mit Tesafilm an der Rückseite des Monsters befestigt.
Die Monster kann man mit Reißzwecken an der Wand befestigen und als »Utensilo« oder »Briefkasten« für die Schüler/innen benutzen. Hierfür muss man sie personalisieren, indem man mit Folienstift den Namen der Schülerin/des Schülers anbringt.

Einsatz • Themenimpuls:
Ängste überwinden

74 Heißluftballone/ Windspiel

Klassenstufe: 1–10
Dauer: 15 Minuten
Materialbedarf: 5 bunte Tonpapier-Kreise und kleinere Tonpapier-Herzform, Faden/Wolle, Schere, Klebstoff pro Schüler/in

Tipp: Für die Kreise eigenen sich hervorragend kreisförmige Moderationskarten.

Idee • Vorgehen:
Diese Arbeit ist einfach und in kurzer Zeit umsetzbar:
Jede Schülerin/jeder Schüler darf sich fünf Papierkreise aussuchen.
Die Papierkreise werden in der Mitte gefaltet und anschließend auf der Rückseite mit Klebstoff eingestrichen. Die Rückseiten werden nun hälftig aneinander geklebt, sodass am Ende eine Kugel entsteht.
Bevor man die letzten Teile zusammenklebt, wird ein langer Faden in die Mitte eingelegt und mit einigen Tropfen Klebstoff fixiert.

Nun wird noch ein zweifaches kleines Herz aus Tonpapier ausgeschnitten. Das Ende des Fadens wird zwischen die Herzhälften geklebt. Fertig ist ein schönes, buntes Windspiel.

Variante:
Man kann auf die Innenseite der Kreise noch Notizen zu bestimmten Themen oder Personen machen. Werden die Ballone dann im Klassenzimmer aufgehängt, können alle Schüler/innen die beschriebenen Eigenschaften usw. nach und nach lesen.

Einsatz • Themenimpuls:
Freundschaft, Steckbrief/Eigenschaften, beliebige weitere Themen

75 Punktbilder tupfen

Klassenstufe: 1–10
Dauer: bis zu 25 Minuten
Materialbedarf: mindestens ein Wattestäbchen, bunte Acrylfarben, ein weißes DIN-A4- oder DIN-A3-Blatt pro Schüler/in

Idee • Vorgehen:

Diese Arbeit ist einfach und macht Spaß:
Das Wattestäbchen wird in Farbe getaucht und anschließend werden Muster oder Bilder auf das weiße Blatt Papier getupft.
So entstehen bunte Bilder.

Wählt man Erdtöne und schwarze Farbe, dann werden die Bilder dem Aborigines-Stil ähnlich.

Einsatz • Themenimpuls:

geometrische Formen, Farbkomposition, Meditation

»Die Vögel des Himmels ...«

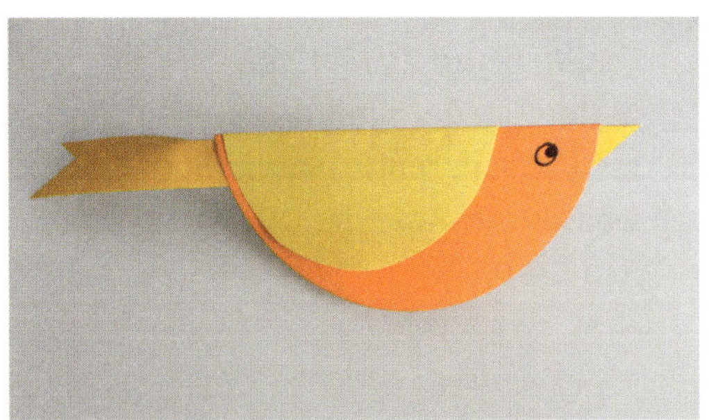

Klassenstufe: 5–7
Dauer: ca. 15 Minuten
Material: zwei Kreise unterschiedlicher Größe aus Tonpapier, Klebstoff, Schere, Tonpapier für Schnabel und Schwanz, schwarzer Stift

Tipp: Für die Kreise eigenen sich prima kreisförmige Moderationskarten in zwei verschiedenen Größen.

Idee • Vorgehen:
Aus Tonpapier werden zwei unterschiedlich große Kreise ausgeschnitten. Diese beiden Kreise werden einmal in der Mitte gefaltet. Der kleinere Kreis wird ein wenig versetzt auf den größeren geklebt. Dieser kleine Kreis bildet die Flügel des Vogels. Dann werden aus passendem Buntpapier noch ein Schwanz und ein Schnabel ausgeschnitten. Auch diese werden an den großen Kreis geklebt. Wer möchte, kann bei seinem Vogel noch Füße ergänzen. Zuletzt die Augen einzeichnen.

Einsatz • Themenimpuls:
Freiheit, »Wenn ich ein Vogel wäre, würde ich ...«, Schöpfung, Vögel des Himmels, Lebensbaum, ...

77 Klecksmonster

Klassenstufe: 1–7
Dauer: 20 Minuten + Trocknungsphase
Materialbedarf: weiße DIN-A4- oder DIN-A3-Blätter, Einmalspritze(n), Wasserfarben oder verdünnte Acrylfarbe im Becher, schwarze Stifte, Klebstoff

Idee • Vorgehen:

Wasserfarbe wird konzentriert angerührt. Dann etwas von der Farbe in eine Einmalspritze aufziehen und mit Druck auf das Papier spritzen. Klecks trocknen lassen. Wer möchte, kann nach dem Trockenvorgang nochmals mit einer anderen Farbe klecksen, dann wird das Monster mehrfarbig.
Anschließend mit einem schwarzen Stift die Mundöffnung einzeichnen. Aus weißem Papier Zähne und Augen ausschneiden und aufkleben. Augen noch um die Pupille ergänzen.
Alternativ kann man auch mit Pipetten den Klecks pusten.
Tipp: Es empfiehlt sich, das Ganze bei schönem Wetter draußen zu machen, da doch viele Farbspritzer durch die Luft sausen.

Einsatz • Themenimpuls:
Angst; statt Monstern kann man mit dieser Methode auch Blumenblüten kreieren und eine Wiese anlegen ...

Grashaare pflanzen

Klassenstufe: 1–7
Dauer: bis zu 15 Minuten
Materialbedarf: ein Plastikbecher/Konservenglas/Blumentopf, ..., Digitalkamera/Handy und Farbdrucker, Erde, (Kresse-)Samen, Schere, Klebestift

Idee • Vorgehen:
Vorbereitend wird ein Foto vom Kopf jeder Schülerin/jeden Schülers gemacht und mit dem Farbdrucker ausgedruckt. Alternativ kann man auch Gesichter zeichnen lassen.

Jede Schülerin/jeder Schüler erhält ihr/sein Foto, einen Plastikbecher oder alternativ ein Konservenglas.
Dann schneiden die Schüler/innen ihren Foto-Kopf aus. Die Haare werden abgeschnitten. Anschließend werden die Köpfe knapp unter den oberen Rand des Bechers geklebt.

In die Plastikbecher wird Erde eingefüllt. Samen werden hinzugegeben, dann heißt es gießen und abwarten ...

Einsatz • Themenimpuls:
Natur, Schöpfung, Sorgen: »Sich keine grauen Haare wachsen lassen«

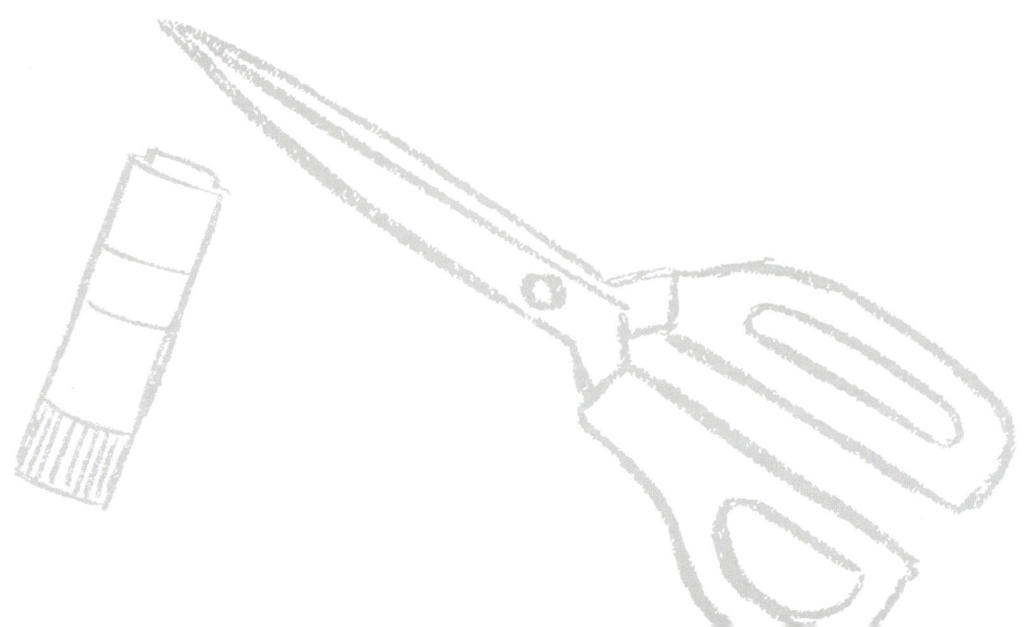

79 Der Schrei nach E. Munch

Klassenstufe: 1–7
Dauer: bis zu 30 Minuten
Materialbedarf: Digitalkamera/Handy und Farbdrucker (für Schwarz-weiß-Fotos der Schüler/innen), Munch-Vorlage, »Der Schrei« (z. B. auf Folie/OHP), weiße DIN-A3-Blätter, Buntstifte, Scheren, Klebestifte

Tipp: Für eine Din-A3-Bildergröße müssen die Figuren der Schüler beim Ausdrucken mindestens 15 cm groß sein.

Idee • Vorgehen:
Vorbereitend wird von jeder Schülerin/jedem Schüler ein Foto gemacht, auf dem sie/er die Hände und das Gesicht so hält bzw. bewegt, dass es dem Original von Edvard Munch ähnlich ist.
Dieses Bild wird dann schwarz-weiß ausgedruckt.

Die Schüler/innen zeichnen ähnlich der Originalvorlage ein Bild in den Farbtönen rot-blau-braun.
(Bei jüngeren Schüler/innen kann die Lehrkraft die schwarzen Linien schon vorzeichnen und als Kopie ausgeben – spart viel Zeit, hemmt jedoch die Kreativität.)
Nun wird das Foto der Schüler/inen jeweils ausgeschnitten und auf das erstellte Bild aufgeklebt.

Variante:
Anstatt Fotos von Schüler/innen einzukleben, kann man auch Tiere oder Comicfiguren als Abwandlung einfügen.

Einsatz • Themenimpuls:
Angst/Furcht, Sorgen, »Alles ist zu viel«, Kunst, Verfremdung ...

80 Halloween-Fledermäuse

Klassenstufe: 1–7
Dauer: 15 Minuten
Materialbedarf: Toilettenpapier-Rollen/ Küchenkrepp-Rolle, Buntstifte, Klebestift, schwarzes Tonpapier, Schere, gegebenenfalls Faden

Idee • Vorgehen:
Vorbereitend bringen die Schüler/innen, zwei bis drei Toilettenpapier-Rollen oder eine Küchenkrepp-Rolle mit.

Die Küchenkrepp-Rolle wird gedrittelt.
Die Papierrollen werden an einem Ende nach innen geklappt, sodass spitze Fledermausohren entstehen.
Dann werden auf jede Papierrolle Augen, Mund und Zähne aufgezeichnet. Rosa Wangen kann man ebenfalls hinzufügen.
Im Anschluss schneiden die Schüler/innen frei aus schwarzem Tonpapier Fledermausflügel aus und kleben diese mit Klebstoff an die Rückseite der Papierrollen.

Wenn man möchte, kann man an der Ober- oder Unterseite einen Faden anbringen, dann kann man die Mäuse im Klassenzimmer aufhängen.

Einsatz • Themenimpuls:
Halloween, Windspiel, Natur, Artenschutz

81 Handpapageien

Klassenstufe: 1–7
Dauer: 20 Minuten
Materialbedarf: mindestens 5 Bögen buntes DIN-A5-Tonpapier, Stifte, Klebstoff, Schere

Idee • Vorgehen:

Auf verschiedenes buntes Tonpapier wird mit Bleistift mindestens viermal eine Hand der Schüler/innen aufgezeichnet und ausgeschnitten.

Im Anschluss wird auf ein farblich passendes Tonpapier der Papageienkörper aufgezeichnet (oder bereits aufkopiert) und ausgeschnitten. Mit gelbem oder roten Papier den Schnabel aufkleben und die Kontur nachschneiden. Auge aufzeichnen. Dann die ausgeschnittenen Hände wie ein Federkleid auf den Vogelkörper kleben. Sinnvollerweise beginnt man mit dem untersten Gefieder-Teil und klebt dann in einer Reihe die anderen Hände nach oben weiter.

Einsatz • Themenimpuls:

Natur, Schöpfung, Hände, Vögel, Paradies(-Vögel)

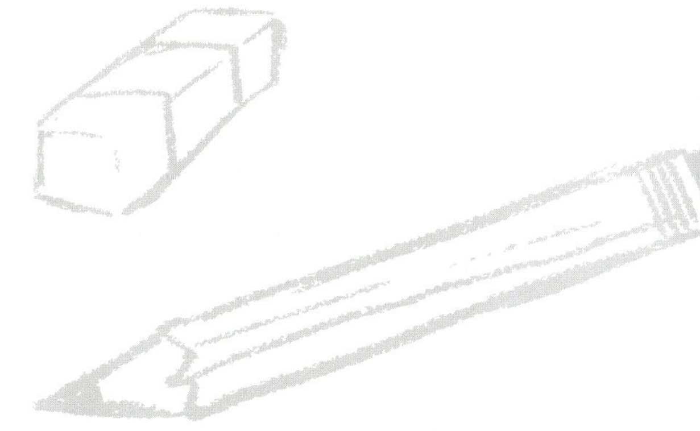

82 Weiße Linien

Klassenstufe: 1–10
Dauer: bis zu 45 Minuten + Trocknungsphase
Materialbedarf: mehrere Rollen Malerkrepp; eine weiße Leinwand/DIN-A3-Karton, Acrylfarbe oder Buntstifte pro Schüler/in

Idee • Vorgehen:
Hierfür nutzt man am besten dünne Leinwände aus dem Kunstbereich, alternativ weißen Karton. Auf die Leinwände kleben die Schüler/innen mit Malerkrepp Linien und Muster auf. Dann füllen sie assoziativ-bunt oder mit System die Flächen zwischen den Malerkrepp-Streifen mit Farbe aus.

Einsatz • Themenimpuls:
Flaggen, Farbkombinationen, Meditation, ...

83 Handherzen

Klassenstufe: 1–10
Dauer: 15 Minuten
Materialbedarf: (mindestens) ein DIN-A4-Bogen buntes Tonpapier, Schere, Stifte pro Schüler/in

Idee • Vorgehen:
Die Schüler/innen wählen einen Bogen farbiges Tonpapier aus.
Dieses falten sie in der Mitte einmal (auf die Größe DIN-A5).
Dann zeichnen sie mit Bleistift ihre Hand auf das gefaltete Tonpapier.
Wichtig ist, dass Daumen und Zeigefinger die Falzkante berühren!
Dann wird die Hand (doppelt, bis auf die Stellen an der Falzkante) ausgeschnitten.
Klappt man das Tonpapier auf, sieht man ein Herz aus Händen.

Einsatz • Themenimpuls:
Freundschaft, Nächstenliebe, Liebe, Miteinander, Gemeinschaft, »Ein Herz für etwas/jemanden haben«, ...

84 Paillettenbilder/ Knopfbilder

Klassenstufe: 1–7
Dauer: bis zu 45 Minuten
Materialbedarf: Pailletten oder (mitgebrachte) Knöpfe, Flüssigklebstoff, ein weißer DIN-A4- oder DIN-A3-Karton, Buntstifte/Farbe pro Schüler/in

Idee • Vorgehen:
Zum jeweiligen Thema erstellen die Schüler/innen auf weißem Karton ein Bild.
Anschließend werden mit Flüssigkleber Tupfen auf dem Bild verteilt. In jeden Klebetupfen wird nun eine Paillette gesetzt.
Alternativ kann man statt Pailletten auch bunte, von den Schüler/innen mitgebrachte Knöpfe verwenden.

Tipp: Bei Knöpfen sollte man stabilen Karton verwenden und die Knöpfe evtl. auch annähen. Dies dauert dann jedoch etwas länger.

Einsatz • Themenimpuls:
beliebige Themen: Weihnachtskugeln (aus Knöpfen), Apfelbäume, Blumenwiese, Alles, was einen runden Grundkörper besitzt, ...

85 »In meiner Hand halte ich …«

Klassenstufe: 1–7
Dauer: bis zu 15 Minuten
Materialbedarf: Digitalkamera/Handy und Farbdrucker, Krepp- und stabiles Tonpapier, Klebstoff, Schere

Idee • Vorgehen:
Von jeder Schülerin/jedem Schüler wird ein schönes Foto gemacht, auf dem sie/er einen Arm ausstreckt und in einer haltenden Handgeste verharrt. Dieses Bild wird in beliebiger Größe auf Fotopapier ausgedruckt.
Dann werden unmittelbar über und unter der ausgestreckten Hand zwei horizontale, kleine Schnitte eingefügt.
Nun basteln die Schüler/innen aus Tonpapier je nach Thematik noch eine Blume, einen Regenschirm oder Ähnliches.
Die nun entstandene Blume/der Regenschirm/... wird durch die beiden Schlitze im Foto gesteckt und fertig ist eine schöne Grußkarte.

Einsatz • Themenimpuls:
Freundschaft, Muttertag/Vatertag, Freude bereiten/»Ich wünsche dir ...«

86 Webherzen / Webbilder

Klassenstufe: 1–7
Dauer: bis zu 45 Minuten
Materialbedarf: ein Bogen buntes, festes Tonpapier/Karton (z. B. DIN A5), Sternfaden/dünne Wolle, Nadel, Bleistift, gegebenenfalls weißes Papier (ca. DIN A5), Klebstoff, Schere pro Schüler/in

Idee • Vorgehen:
Stabiler bunter Karton wird in der gewünschten Größe vorbereitet. Anschließend wird er in der Mitte gefaltet, sodass eine Karte entsteht.

Dann wird das gewünschte Motiv mit Bleistift dünn vorgezeichnet.
Mit einem dicken Faden oder dünner Wolle und einer Nadel wird anschließend das vorgezeichnete Bild »genäht« bzw. »gewebt«.
Wichtig ist, dass man zu Beginn einen Knoten macht und am Ende den Faden vernäht. Damit im Innenteil die Fäden nicht sichtbar sind, kann man mit weißem Papier ein Inlay, also eine Einlage einkleben.

Einsatz • Themenimpuls:
beliebige Themen möglich, zum Beispiel Muttertag, Liebe, Vatertag, Freundschaft, ...

87 Ein Kompliment verschenken

Klassenstufe: 1–10
Dauer: bis zu 20 Minuten
Materialbedarf: ein weißes DIN-A4-Blatt, Buntstifte, Schere pro Schüler/in

Idee • Vorgehen:
Die Schüler/innen erhalten ein weißes Blatt Papier. Auf dieses sollen sie schreiben: »Nimm ein Kompliment und verschenke es«. Anschließend schreiben sie (vertikal ausgerichtet) ganz viele Komplimente auf den unteren Teil des Papiers und schneiden jedes Kompliment als Abrissstreifen zurecht.
Nun kann man in einem bestimmten Zeitraum die Komplimente verschenken. Jeder die seinigen oder auch von anderen – je nach Absprache in der Klasse.
Je nach Alter und Klassenstufe kann man die Komplimente detaillierter oder weniger detailliert gestalten lassen.

Einsatz • Themenimpuls:
Freundschaft/Lob, Achtsamkeit, Komplimente machen, Eigenschaften, ...

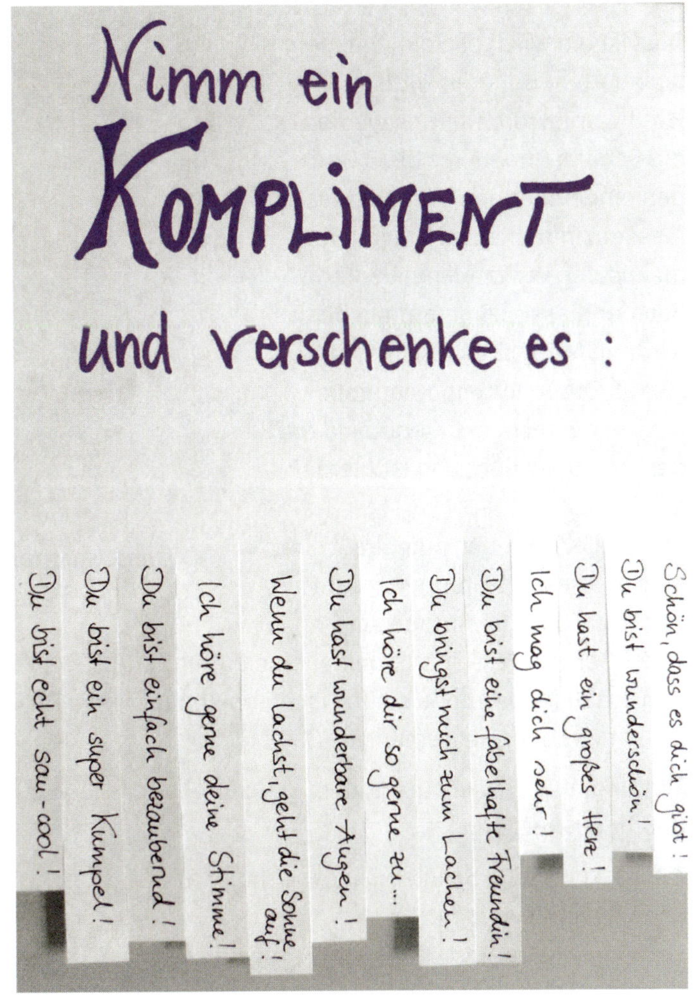

88 »Minigolf« im Klassenzimmer

Klassenstufe: 6–8
Dauer: bis zu 45 Minuten
Materialbedarf: ein Tischtennisball, Klebeband, eine Toilettenpapier-Rolle pro Kleingruppe

Idee • Vorgehen:
Dies ist ein witziges Spiel, bei dem langer Atem benötigt wird!
Für die Spielvorbereitung werden die Schüler/innen in 7 bis 8 Gruppen eingeteilt. Jede Gruppe baut im Klassenzimmer eine Minigolf-Station aus den vorhandenen Materialien der Klassenzimmerumgebung (Ordner, Mäppchen, Bücher, Stifte, ...) auf. Die Toilettenpapier-Rolle wird waagerecht mit Klebeband auf den Boden geklebt und ist hierbei das Ziel/Loch.

© istock/stuartbur

Wenn alle Stationen aufgebaut sind, wird die Gesamt-Gruppenanzahl verringert und die Gruppe selbst vergrößert, sodass später immer eine Puffer-Station frei ist.
Nun erhält jede Gruppe einen Tischtennisball. Diesen Ball soll jetzt jedes Gruppenmitglied durch Pusten in das Loch/Ziel versenken.

Achtung: Wer zu viel pustet, dem kann übel oder schwarz vor Augen werden! Schüler/innen auf diese Gefahr hinweisen!

Ziel ist, dass jede Schülerin/jeder Schüler alle Stationen schafft. Aber es kann auch einfach nur zum Spaß gespielt werden.

Einsatz • Themenimpuls:
Atem, Luft, Konzentrationsübung, Spaß haben

89 Glück ist ... - Kleeblätter

Klassenstufe: 1–10
Dauer: bis zu 20 Minuten
Materialbedarf: ein farbiges Tonpapierherz pro Schüler/in, ein DIN-A4-Tonpapier pro 4er-Gruppe/ein DIN-A2-Plakat für die Klasse

Idee • Vorgehen:
Diese Arbeit ist ganz einfach. Jede Schülerin/jeder Schüler erhält ein Herz (vorbereitet oder auch zum Selbstausschneiden). Auf die Herzen werden die Schülerkommentare zum jeweiligen Thema geschrieben. Anschließend werden immer vier Herzen zu einem Kleeblatt zusammengefasst und entweder alle auf einen Plakatbogen geklebt oder jedes Kleeblatt auf einen DIN-A4-Tonpapierbogen.

Einsatz • Themenimpuls:
Freundschaft/Clique, Glück ist ..., Liebe

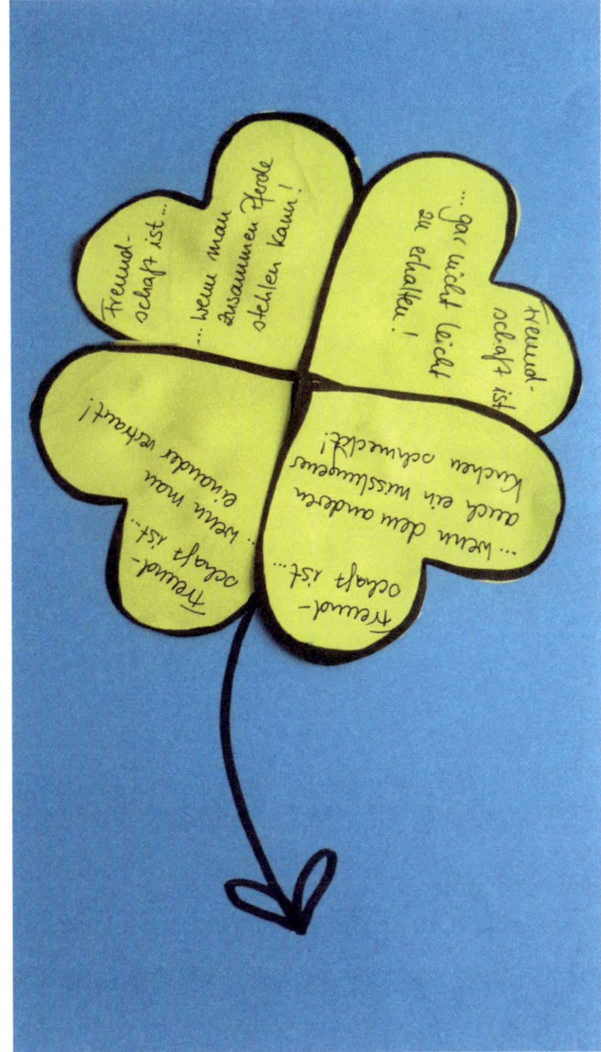

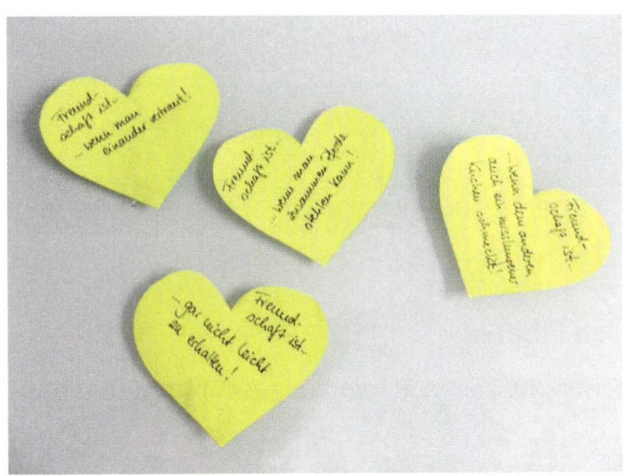

90 Farbskalen

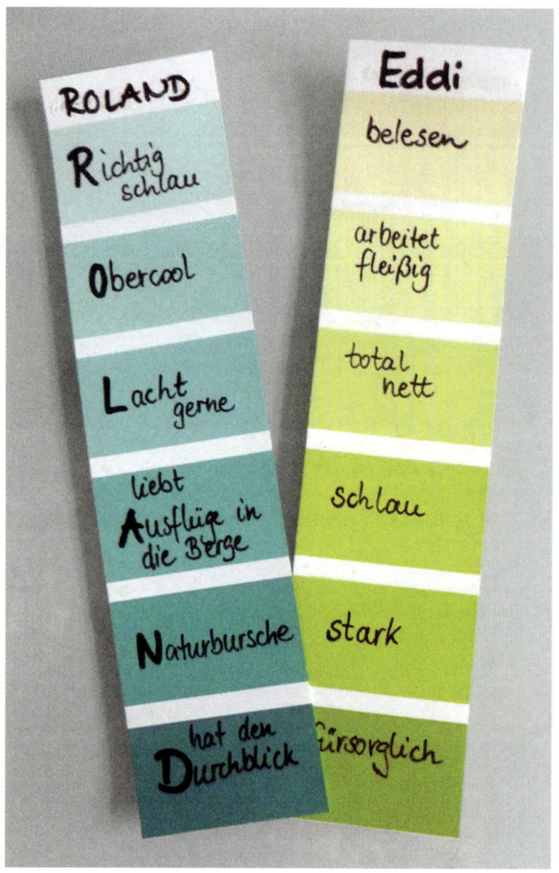

Klassenstufe: 5–7
Dauer: bis zu 15 Minuten
Materialbedarf: Farbskalen aus dem Baumarkt, Schere, Stifte

Idee • Vorgehen:
Vorbereitend im Baumarkt in der Farbabteilung Farbskalen erbitten.

Je nach Thema werden aus den Farbkarten kleine Männchen als Lesezeichen ausgeschnitten (bei passenden Texten).
Oder man verwendet die Farbskala als Skala für positive und negative Eigenschaften oder man macht damit ein Akrostichon (Leistengedicht) aus Eigenschaften.

Einsatz • Themenimpuls:
vielfältig einsetzbar

91 Spruchband - Lebensmotto

Klassenstufe: 7–10
Dauer: 30 Minuten
Materialbedarf: mehrere bunte Tonpapierstreifen (gelocht, ca. 12x2cm), Garn/Wolle, Schere pro Schüler/in

Idee • Vorgehen:
Die Schüler/innen erhalten bunte Tonpapierstreifen, die links und rechts gelocht sind. Auf diese Streifen schreiben sie ihr Lebensmotto und Sprüche, die sie gut finden. Man kann auch Motivationssprüche wählen (gut auch als Übung für den Imperativ).
Die Tonpapierstreifen werden dann mit Wolle oder einem dicken Garn aneinandergeknotet. Sodass ein Spruchband entsteht.

Einsatz • Themenimpuls:
Lebensmotto, Weisheiten/Sprüche, Bibelverse, Imperativ-Übung, ...

92 Durch das Jahr

Klassenstufe: 1–7
Dauer: 45 Minuten
Materialbedarf: je ein Bogen schwarzes und weißes DIN-A3-Tonpapier pro Schülerpaar, weißes Papier (für Augen, Bauch, Schnabel, ...), Buntstifte

Idee • Vorgehen:

Die Schüler/innen übertragen mit Bleistift ihren Fußumriss auf das schwarze Tonpapier und schneiden den Fuß anschließend aus.
Dann wird aus dem weißen Papier der Bauch des Pinguins oval ausgeschnitten und mittig aufgeklebt. Ebenso werden Augen und Schnabel des Pinguins ausgeschnitten und aufgeklebt. Der Schnabel wird gelb eingefärbt, die Augen um die Pupille ergänzt.
Für den Hintergrund nimmt man ein hellblaues Plakat und schneidet es ungefähr mittig in Wellen durch. So reicht ein Plakat für zwei Schüler/innen. Dieses blaue Plakat wird auf ein weißes Plakat aufgeklebt. So entstehen Himmel und Schneedecke. Dann klebt man die Fuß-Pinguine auf und ergänzt sie um die jeweiligen für die Jahreszeit typischen Witterungsbedingungen und Accessoires.

Einsatz • Themenimpuls:

Jahreszeiten, Winterzauber

»And the Oscar goes to …« - Oscarverleihung

Klassenstufe: 7–10
Dauer: bis zu 45 Minuten
Materialbedarf: eine Oscar-Vorlage, Schere, Buntstifte pro Schüler/in

Idee • Vorgehen:

Die Schüler/innen erhalten eine Kopie mit dem Umriss der Film-Oscar-Figur. Diese schneiden sie aus und malen sie in einer beliebigen Farbe an.
Dann wird ihnen eine Mitschülerin/ein Mitschüler zugelost. Für diese/n sollen sie nun positive Eigenschaften überlegen, diese zu einem Lob/Kompliment formulieren und in die Oscar-Vorlage eintragen. Anschließend wird der Oscar übergeben.

Variante:
Man kann die Schüler/innen raten lassen, wer den jeweiligen Oscar erhält, indem man sie die Eigenschaften der Mitschüler/innen analysieren bzw. zuordnen lässt.

Einsatz • Themenimpuls:

Lob aussprechen

94 Windlicht

Klassenstufe: 7–10
Dauer: bis zu 20 Minuten
Materialbedarf: pro Schüler/in ein (mitgebrachtes) Konservenglas, 2 x Blumendraht (ca. 30 cm und 40 cm), Zangen, Schmuck- oder Bastbänder (ca. 40 cm), Teelicht

Idee • Vorgehen:
Vorbereitend bringen die Schüler/innen ein Konservenglas mit.

Mit Blumendraht wird zuerst der Haltebogen/Griff des Windlichts hergestellt. Dafür schneidet man vom Draht die gewünschte Länge ab. Die Enden dreht man mit der Zange zu einem Loch. Dies geht auch, indem man die Enden um einen Stift wickelt.
Durch die nun entstandenen Ösen zieht man nun einen zweiten Draht. Dessen Länge richtet sich nach dem Umfang des Verschlussrandes des Glases. Dieser zweite Draht wird nun am unteren Verschlussrand zusammengezogen und festgezurrt.
Anschließend wird ein schönes Schmuck- oder Bastband um den Haltedraht gebunden und das Teelicht ergänzt.

Einsatz • Themenimpuls:
Windlicht, Dunkle Jahreszeit, Sommerabende/Sommer, Muttertaggeschenk, ...

95 Sprüche weben

Klassenstufe: 7–10
Dauer: 30 Minuten
Materialbedarf: ca. 8 Streifen aus Transparentpapier, 4 Schaschlik-Stäbe, Sternfaden (ist stabil), Schere, Filzstift, gegebenenfalls ein Streifen Tesafilm pro Schüler/in

Idee • Vorgehen:
Die Schüler/innen schneiden aus Transparentpapier einige ca. 1,5x20 cm breite Streifen. Auf diese notieren sie zum Beispiel Bibel-/Psalmverse.
Dann erstellen die Schüler/innen aus vier Schaschlik-Spießen einen Webrahmen. Dazu werden die Schaschlik-Spieße im Quadrat mit Fäden an den Ecken zusammengebunden. Im Anschluss werden mit ca. 8 Fäden die Webfäden eingezogen bzw. an die Schaschlik-Stäbe geknüpft. (Dies muss nicht unbedingt in genauem Abstand sein. Je wilder, desto individueller ist das Ergebnis.) Wenn der Webrahmen fertig ist, werden die Transparentstreifen eingewebt. Nun kann das Webbild mit Tesafilm am Fenster befestigt werden, dann leuchtet es schön, wenn das Licht hindurchfällt.

Einsatz • Themenimpulse:
Psalmen-, Bibel-, Gedichtarbeit, Sprüche, Weisheiten, Lebensmotto, Gute Wünsche, ...

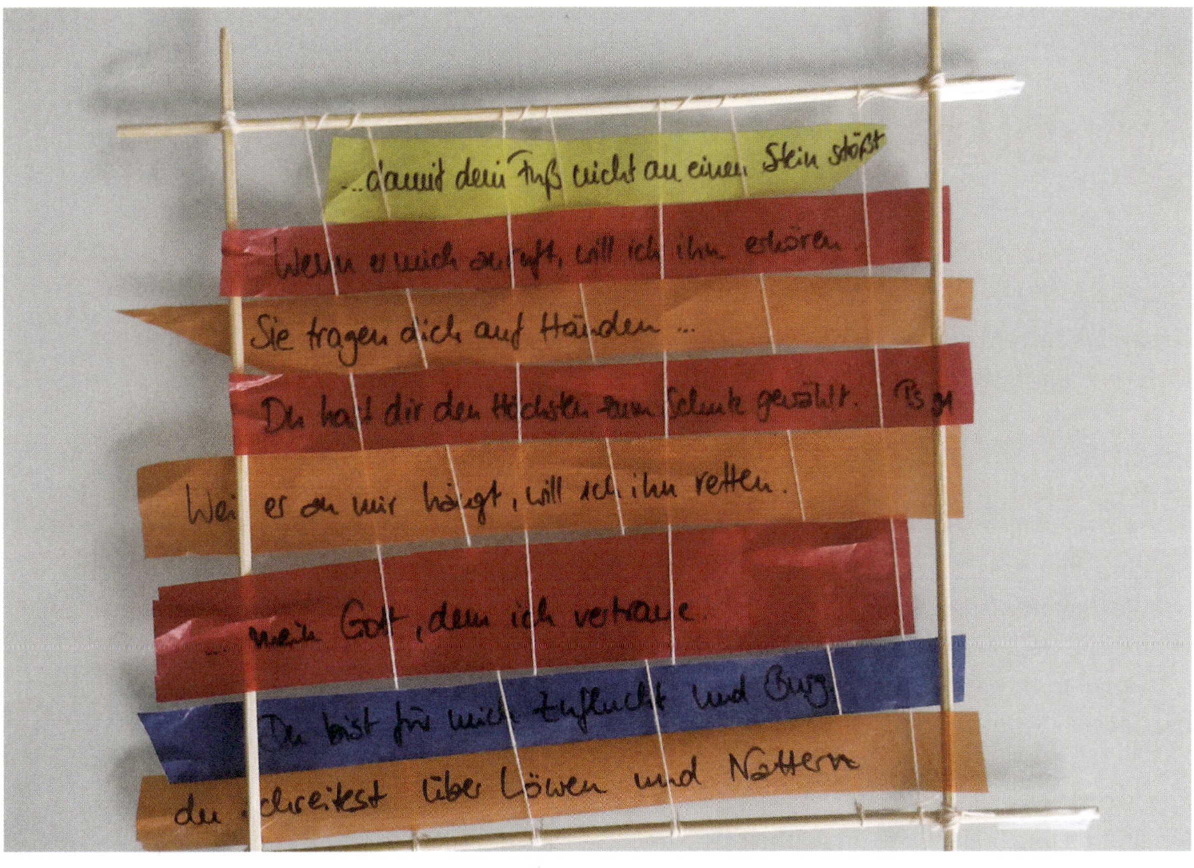

96 Seilarbeit: Figuren und Buchstaben legen

Klassenstufe: 5–10
Dauer: bis zu 30 Minuten
Materialbedarf: mindestens ein 3-Meter-Seil pro Kleingruppe oder Schüler/in, alternativ: dicke Wolle.

Idee • Vorgehen:

Hierfür braucht man lange Seile oder viele Springseile aus dem Sportunterricht.
Jeder Schüler oder jede Schülergruppe erhält ein bzw. mehrere Seile.
Mit diesen sollen sie in der Gruppe nun Buchstaben oder Figuren legen.
Je nach Aufgabe kann man dies erschweren:

- Buchstaben/Figur legen
- Stumm ein Bild legen – ohne Absprache
- Mit den Füßen ein Bild legen – mit Absprache/ohne Absprache.

Einsatz • Themenimpuls:

Koordinations- und Konzentrationstraining, Kommunikation und soziales Lernen (Kooperationsspiel)

97 Mit Knete arbeiten

Klassenstufe: 1–7
Dauer: bis zu 15 Minuten
Materialbedarf: viel farbige Knete

Idee • Vorgehen:

Knete lässt sich in Morgenkreisen vielfältig verwenden.
So kann man passend zu Texten oder Textstellen kleine Plastiken herstellen, die die Gedanken der Schüler/innen wiedergeben. Die Schüler/innen erklären ihre Darstellung den Mitschüler/innen und geben ihre Gedanken wieder.
Oder man formt flache Flächen und ritzt und drückt Muster ein. Dies ist eine schöne meditative Arbeit, bei der sich Schüler/innen auf sich selbst konzentrieren können.

Einsatz • Themenimpuls:

Meditation und Stille, Text-, Bibelarbeit

98 Flaschen-Druck

Klassenstufe: 1–7
Dauer: bis zu 20 Minuten + Trocknungszeit
Materialbedarf: Acrylfarbe, ein weißes DIN-A3- oder DIN-A4-Blatt, eine leere kleine Plastikflasche/runde Spülbürste/Plastikgabel pro Schüler/in

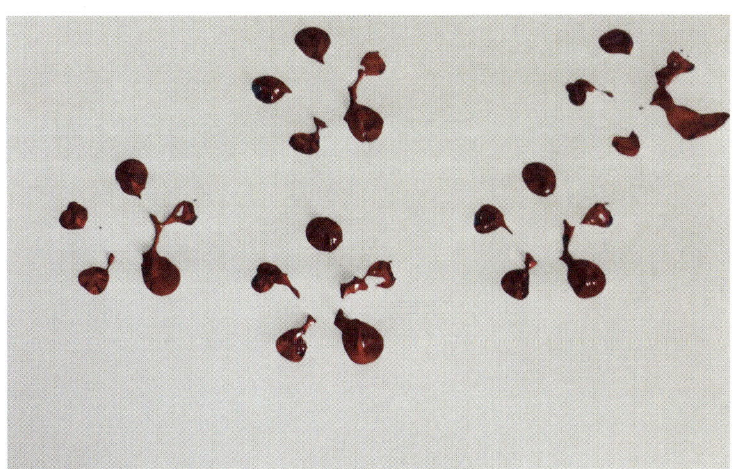

Idee • Vorgehen:
Diese Drucktechnik nutzt den Boden einer Plastikflasche als Stempel. Für die Darstellung einer Blumenwiese einfach reichlich Acrylfarbe auf einen Pappteller geben, Flaschenboden eintauchen und auf weißes Papier drucken. Anschließend Druckstempel trocknen lassen.
Wenn die Farbe trocken ist, mit Edding oder anderen Buntstiften die Blüten um Stiel, Blätter und Blütenteile ergänzen.
Ebenso kann man bei Arbeiten mit der Bibel (Schöpfungsbericht) eine passende Textstelle hinzufügen.
Eine einfache, schöne Arbeit mit jüngeren Kindern.

Variante:
Schöne Blüten kann man auch mit runden Spülbürsten (Pusteblumen) oder Plastikgabeln (Tulpen) drucken.

Einsatz • Themenimpuls:
Natur, Frühling, Wiese, Blumen, Schöpfungsbericht

99 Engelchen - Büroklammern einmal anders

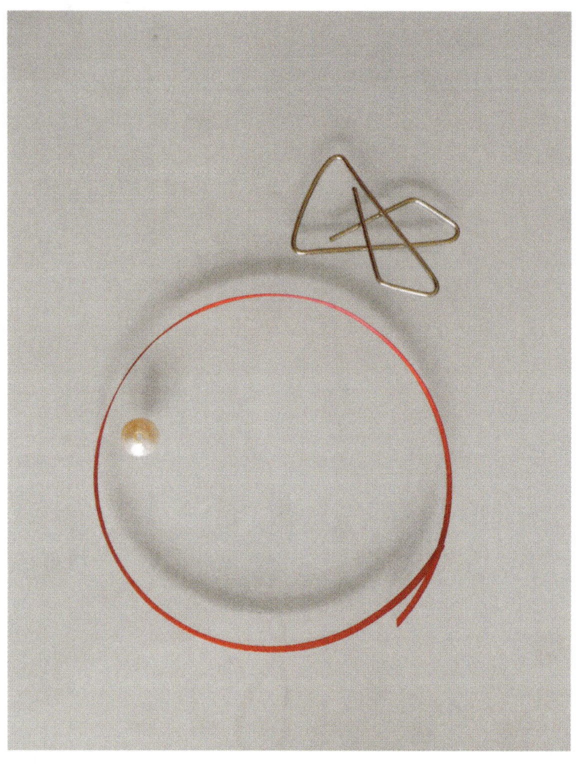

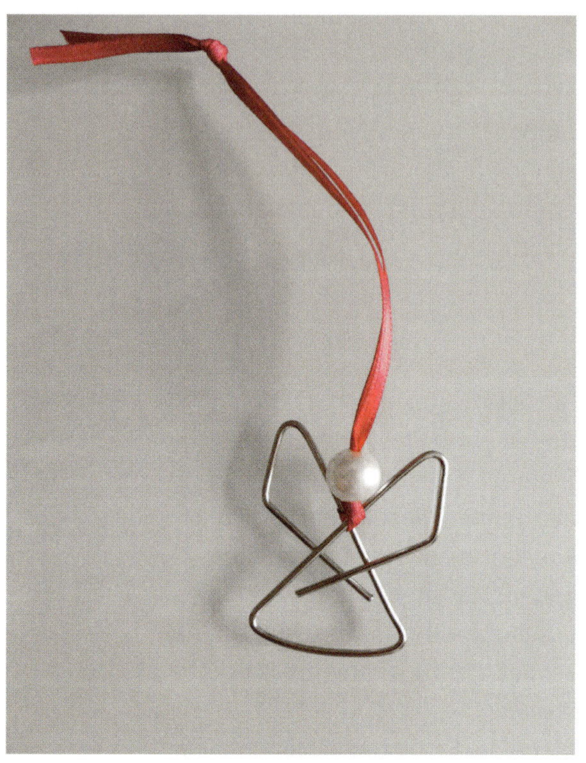

Klassenstufe: 3–6
Dauer: 15 Minuten
Materialbedarf: eine Büroklammer (»Butterfly«), eine Perle zum Auffädeln, ca. 20 cm farbiges Band pro Schüler/in

Idee • Vorgehen:
Diese einfachen Engelchen bastelt man mit sogenannten »Butterfly-Büroklammern«, auch Aktenklammern genannt, einer Perle und einem dünnen Band.
Einfach das Band mit einem kleinen Knoten an der Klammer »zwischen den Flügeln« befestigen. Dann das Band durch die Perle (Kopf des Engels) ziehen und einen Endknoten anbringen.
Nutzbar als Anhänger, Lesezeichen oder als kleine Aufmerksamkeit.

Einsatz • Themenimpuls:
Weihnachten, Engel, Paradies, Bibelarbeit

Klassenstufe: 1–7
Dauer: bis zu 15 Minuten + 2 Tage Trocknungsphase
Materialbedarf: ein alter Konservenglas-Deckel pro Schüler/in; reichlich Bastelkleber, eine Packung Lebensmittelfarbe/4Tuben, Zahnstocher, Locher, Faden

Idee • Vorgehen:
Die Innenseite des Deckels wird mit Folie ausgelegt und komplett mit Bastelkleber ausgefüllt. Dann kommen einige Tupfen Lebensmittelfarbe hinzu. Diese werden mit dem Zahnstocher etwas im Klebstoff verteilt, sodass eine Marmorierung entsteht.
Anschließend Klebstoff ca. zwei Tage trocknen lassen. Dann lässt er sich gut vom Deckel lösen. Eventuell Ränder etwas zurechtschneiden. Mit dem Locher noch ein Loch in den Lichtfänger hineinstanzen, Faden hindurchziehen und an den Fenstern aufhängen.

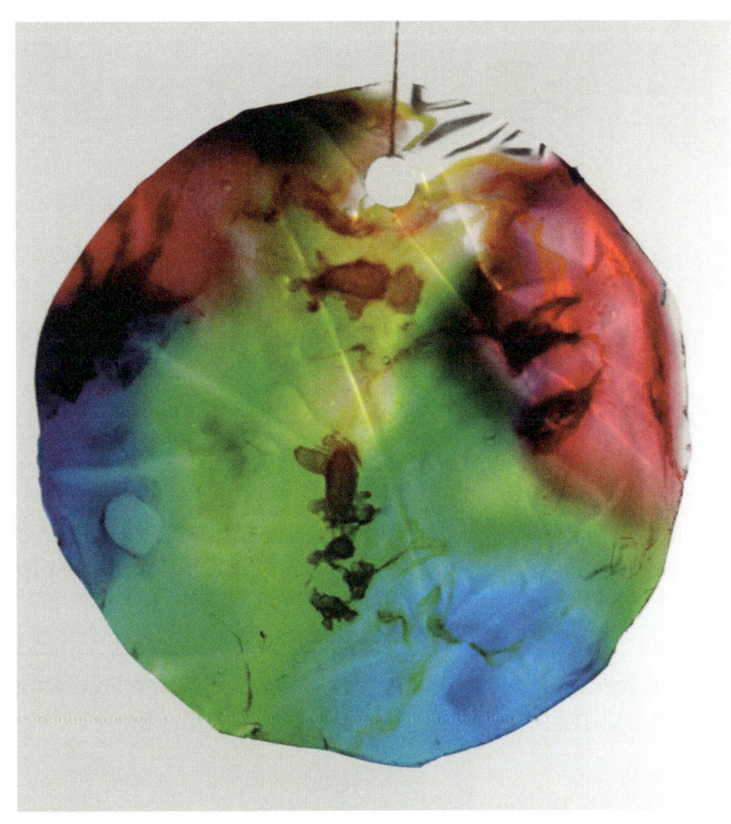

Einsatz • Themenimpuls:
Sonnengesang, Sonne, Frühling/Sommer, Lichtspiele

101 Endlos-Geschichten

Klassenstufe: 7–10
Dauer: bis zu 30 Minuten
Materialbedarf: –

Idee • Vorgehen:
Die Lehrperson gibt den Anfang einer kleinen Geschichte vor und die Schüler/innen spinnen (der Reihe nach) die Geschichte mit einem oder mehreren Sätzen weiter.
Beispiel: »Ein 2-Euro-Stück, das gerade aus der Presse gekommen ist, liegt frisch in der Bank, als ein Bankräuber …«

Einsatz • Themenimpuls:
Fantasie anregen, Sprechübungen

102 »Black Box«

Klassenstufe: 7–10
Dauer: bis zu 45 Minuten
Materialbedarf: schwarzer Schuhkarton mit Zetteln, auf denen bekannte Figurennamen stehen

Idee • Vorgehen:
Aus einem schwarzen Schuhkarton, der »Black Box«, zieht eine Schülerin/ein Schüler einen Zettel. Auf diesem Zettel steht der Name einer Figur aus der zentralen Geschichte des Morgenkreises. Die Schüler/innen sollen nun einzeln oder in der Kleingruppe eine (biografische, handlungsmotivierende) Hintergrundgeschichte für diese Person erfinden. Dabei kann der Name einer Figur mehrmals in der Box sein. So kann man die Geschichten im Anschluss vorstellen lassen und vergleichen. Es ist interessant, welche Hintergründe die Schüler/innen den Figuren geben. Oftmals fließen viel Fantasie oder auch biografische Inhalte der Schüler/innen mit ein.

Einsatz • Themenimpuls:
Geschichten aller Art, zum Beispiel Bibelgeschichten

103 Mein Schatz

Klassenstufe: 1–6
Dauer: bis zu 15 Minuten
Materialbedarf: Naturmaterialien

Idee • Vorgehen:
Auf einem gemeinsamen Naturspaziergang sammelt jede Schülerin/jeder Schüler unauffällig einen Gegenstand: »ihren/seinen Schatz«.
Dann wird in kleinen Gruppen jeweils ein Kreis gebildet. Jede Schülerin/jeder Schüler gibt nun nacheinander ihren/seinen »Schatz« durch die Reihen. Die anderen Schüler/innen müssen die Augen jedoch geschlossen haben und erfühlen, um was es sich bei dem jeweiligen Schatz handelt. Je nach Spiel bzw. Anleitung dürfen sich die Schüler/innen äußern oder auch nicht.

Variante:
Alle Gegenstände werden in der Mitte platziert. Jeweils eine Schülerin/ein Schüler holt einen Gegenstand und gibt ihn in die geöffnete Hand eines Mitschülers, die Augen aller Mitschüler/innen bleiben geschlossen. Der Mitschüler, der erfühlen muss, beschreibt nun, was er fühlt. Dann dürfen die Augen geöffnet werden. So geht es reihum.

Einsatz • Themenimpuls:
Natur, Schöpfung, Spiele für draußen, Sinnesübung

© istock/Thomas Shanahan

Klassenstufe: 7–10
Dauer: eine Minute pro Schüler/in
Materialbedarf: ausgeschnittene Verkehrszeichen bzw. Vorlagen

Idee • Vorgehen:
In der Mitte des Morgenkreises liegen verschiedene Verkehrszeichen. Die Schüler/innen sollen sich nun reihum für ein Verkehrszeichen entscheiden und sich dazu äußern, warum sie sich für das jeweilige Zeichen entschieden haben.
Dabei kann man auf der Rückseite der Verkehrszeichen Formulierungshilfen vermerken:

Verkehrszeichen	Formulierungshilfe...
	Am vergangenen Wochenende war ich mit meinen Freunden Radfahren in ...
	Am Wochenende war ich mit meiner Familie ...
	Ich fühle mich, als würde ich gleich ertrinken, weil ... Am Wochenende war ich baden mit ...
	Meine Familie und ich ...
	Ich muss mich entscheiden ...
	Ich war Spielen mit ...
	Ich kann aus folgender Situation leider nicht zurück ...
Einbahnstraße	Ich habe das Gefühl, mein Leben ist eine Einbahnstraße, weil ...
	Ich drehe mich im Kreis, weil ...
	Ich fühle mich, als würde alles über mir einstürzen, weil ...
	Ich fühle mich behindert durch ...
	Ich sollte ... mehr Aufmerksamkeit schenken, weil ...
	Mein Leben ist eine Baustelle, weil ...

Einsatz • Themenimpuls:
Kommunikation, Wohlergehen, Sich anderen mitteilen

105 Szene im Schuhkarton

Klassenstufe: 5–10
Dauer: bis zu 90 Minuten
Materialbedarf: ein Schuhkarton, ausreichend buntes Tonpapier und weitere Materialien (die von Zuhause mitgebracht werden), Kleber, Schere, ... pro Kleingruppe

Idee • Vorgehen:
Diese Methode braucht einiges an Zeit. Dafür sollen sich die Schüler/innen für eine Szene aus einer Geschichte entscheiden und diese in einem Schuhkarton nachbauen. Die Materialien dürfen sie hierfür von Zuhause mitbringen.

Variante:
Man kann statt dem Schuhkarton auch einfach aus Tonkarton einen »Bilderrahmen« schneiden und anschließend in diesen aus Tonpapier eine Szene einbauen.

Einsatz • Themenimpuls:
Geschichten, zum Beispiel Bibelgeschichten

© istock/olgysha2008, Steve Debenport

106 Luftballons mit Aufgaben gefüllt

Klassenstufe: 5–10
Dauer: 20 Minuten
Materialbedarf: ein Luftballon, ein Aufgaben- oder Belohnungszettel pro Schüler/in

Idee • Vorgehen:
Vorbereitend notiert die leitende Person Aufgaben oder Belohnungen auf kleine Zettel. Diese werden jeweils in einen Luftballon hineingesteckt. Nun werden die Luftballons aufgeblasen und im Klassenzimmer verteilt. Wenn die Lehrperson den »Startschuss« gibt, holt sich jede Schülerin/jeder Schüler einen Ballon. Kein Schüler weiß, was in seinem Ballon ist. Nun dürfen die Schüler/innen nochmals miteinander tauschen. Wenn sie nicht mehr tauschen möchten, dann dürfen sie ihren Ballon öffnen und müssen die Aufgabe, die enthalten ist, erfüllen bzw. erhalten die notierte Belohnung.

© istock/sutichak

Die Aufgabenzettel müssen von der »beschenkten Person« gegengezeichnet werden, damit die Aufgabe als erfüllt gilt. Diese »abgearbeiteten Aufgaben- und Belohnungszettel« werden dann auf ein Plakat geklebt und im Klassenzimmer aufgehängt, bis alle Zettel von allen Schüler/innen am Plakat hängen.
Um die Belohnungen umsetzen zu können, lohnt es sich, die Kolleg/innen, die ebenfalls in der Klasse unterrichten, mit ins Boot zu holen.

Beispiele für Aufgabenzettel können sein:
- »Ich lese heute meinen Geschwistern eine Geschichte vor ...«
- »Ich backe für meine Eltern einen Kuchen ...«
- »Ich besuche meine Großeltern und verbringe Zeit mit ihnen ...«

Beispiele für Belohnungszettel können sein:
- »Ich darf einmal die Hausaufgaben bei Frau/Herrn XY vergessen.«
- »Ich erhalte von ... dies oder jenes ...«

Einsatz • Themenimpuls:
Advent, Eine gute Tat, Ostern, Fastenzeit, Valentinstag, ...

107 »E-Mail für dich«

Klassenstufe: 7–10
Dauer: 20 Minuten
Materialbedarf: E-Mail-Programm/Computer

Idee • Vorgehen:
Die Schüler/innen schreiben sich gegenseitig eine E-Mail.
Inhalt dieser E-Mail ist, was man besonders gut an jemandem findet und welche Eigenschaften man an der Person sehr schätzt.

Einsatz • Themenimpuls:
Achtsamkeit und Charakterbildung, Lob äußern, Kommunikation

108 Begegnung mit Jesus

Klassenstufe: 7–10
Dauer: 20 Minuten
Materialbedarf: –

Idee • Vorgehen:
Die Schüler/innen sollen sich vorstellen, sie würden Jesus begegnen. Welche Fragen würden sie ihm stellen und wie denken sie, würde er ihnen antworten?
Diese Fragestellungen sind altersunabhängig, aber es ist interessant, welche existenziellen Fragen in den Raum treten. Gemeinsam kann man über die »Antworten« diskutieren.
Wer der Idee noch Gestalt geben möchte, kann dies mit Egli-Figuren sehr schön machen. Einfach eine biblische Figur (Jesus) in die Mitte des Morgenkreises stellen und ein weitere Egli-Figur eines Jugendlichen mit moderner Kleidung (Schüler/in). So haben die Schüler/innen die Situation vor Augen.

Einsatz • Themenimpuls:
Lebenserfahrung, Philosophie

109 Zauberquadrat

Klassenstufe: 7–10
Dauer: 20 Minuten
Materialbedarf: ein DIN-A3-Plakat mit Buchstaben

Idee • Vorgehen:

In der Mitte des Raumes liegt ein großes Poster aus, auf dem verschiedene Buchstaben angeordnet sind. Die Schüler/innen sollen nun mit nur diesen Buchstaben Wörter finden, die zum jeweiligen Morgenkreis bzw. seiner Geschichte passen. Nach einiger Zeit werden alle Wörter in der Gruppe vorgestellt und gemeinsam reflektiert.
Das Zauberquadrat könnte so aussehen:

A	B	S	U
R	E	H	T
W	C	I	G
D	N	M	O

Variante:

Erschweren kann man es den Schüler/innen, wenn man sagt, dass jeder Buchstabe nur einmal pro Wort verwendet werden darf. Je mehr Buchstaben man einbaut, desto mehr Wörter entstehen natürlich.

Einsatz • Themenimpuls:

Geschichten, zum Beispiel Bibelgeschichten

110 Eine wundervolle Liste

Klassenstufe: 7–10
Dauer: 20 Minuten + Nachbearbeitungszeit für die leitende Person
Materialbedarf: eine kopierte Klassenliste pro Schüler/in

Idee • Vorgehen:
In Anlehnung an die Erzählung »Eine wundervolle Liste« von Helen P. Mrosla kann diese Methode in einem Morgenkreis stattfinden:
Die Lehrperson kopiert eine Klassenliste mit allen Schülernamen. Nun muss jede Schülerin/jeder Schüler hinter jeden Namen etwas Nettes schreiben. Das kann ein Kompliment sein, was diejenige/derjenige einem bedeutet, oder andere positive Dinge. Wichtig ist, den Schüler/innen den Hinweis zu geben, genau zu formulieren, also nicht nur: »Sie ist hübsch.«/» Er ist nett.«
Anschließend sammelt die Lehrperson alle Listen ein und nimmt sie mit nach Hause.
Zuhause tippt sie alle Listen zu jeder Schülerin/jedem Schüler ab, sodass alle Bemerkungen auf einem Blatt Papier stehen.
Im nächsten Morgenkreis erhalten alle Schüler/innen einen Brief, in dem die Bemerkungen der Mitschüler/innen aufgelistet sind.

Einsatz • Themenimpuls:
Kommunikation, Miteinander, Komplimente und Lob formulieren

111 »Wer bin ich?«

Klassenstufe: 7–10
Dauer: 20 Minuten
Materialbedarf: Zettel mit Figurennamen (gegebenenfalls in Anzahl einer Kleingruppe)

Idee • Vorgehen:
Diese Methode eignet sich besonders für die Rückschau auf Geschichten und ihre Figuren. Man kann die Schüler/innen in kleine Gruppen einteilen. Dann wird jeder Schülerin/jedem Schüler eine Figur zugelost. Durch gezielte Fragen der Mitschüler/innen sollen diese herausfinden, um welche Figur aus der Geschichte es sich handeln könnte.
Die Fragen der Mitschüler/innen müssen so gestellt werden, dass die Person nur mit »Ja/Nein« antworten kann.

Einsatz • Themenimpuls:
Geschichten, zum Beispiel Bibelgeschichten

Online-Material

Auf der Produktseite des Buches finden Sie unter www.beltz.de Vorlagen und Materialien zum Download. Kennwort: MORg_E58